westermann

Andrea Wilmes

Herausgeber: Wassilios E. Fthenakis

Komm spiel mit mir!

1. Auflage

Bestellnummer 12761

Die in diesem Produkt gemachten Angaben zu Unternehmen (Namen, Internet- und E-Mail-Adressen, Handelsregistereintragungen, Bankverbindungen, Steuer-, Telefon- und Faxnummern und alle weiteren Angaben) sind i. d. R. fiktiv, d. h., sie stehen in keinem Zusammenhang mit einem real existierenden Unternehmen in der dargestellten oder einer ähnlichen Form. Dies gilt auch für alle Kunden, Lieferanten und sonstigen Geschäftspartner der Unternehmen wie z. B. Kreditinstitute, Versicherungsunternehmen und andere Dienstleistungsunternehmen. Ausschließlich zum Zwecke der Authentizität werden die Namen real existierender Unternehmen und z. B. im Fall von Kreditinstituten auch deren IBANs und BICs verwendet.

Die in diesem Werk aufgeführten Internetadressen sind auf dem Stand zum Zeitpunkt der Drucklegung. Die ständige Aktualität der Adressen kann vonseiten des Verlages nicht gewährleistet werden. Darüber hinaus übernimmt der Verlag keine Verantwortung für die Inhalte dieser Seiten.

service@westermann.de
www.westermann.de

Bildungsverlag EINS GmbH
Ettore-Bugatti-Straße 6-14, 51149 Köln

ISBN 978-3-427-**12761**-1

westermann GRUPPE

INHALT

INHALT

Inhalt Website

(Zugangscode: BPWC-Z180-EAD4-271D)

VORWORT

Ausgangspunkt und Zielgruppe

Bei der vorliegenden Materialsammlung handelt es sich um die überarbeitete und erweiterte Auflage meiner Spiel- und Gestaltungsvorschläge für die Arbeit mit Kindern in sozialpädagogischen und sozialpflegerischen Einrichtungen.

Die Materialsammlung eignet sich:

* für den Einsatz im fachpraktischen Unterricht aller sozialpädagogischen Ausbildungen (Erzieherinnen[1], Kinderpflegerinnen, Sozialassistenten u. Ä. m.)
* für sozialpädagogische Fachkräfte in Kindertagesstätten
* für Eltern und andere Personengruppen, die Kinder in Spiel und Freizeit begleiten.

Aufbau der Materialsammlung und Umgang mit den praktischen Vorschlägen

Jedes Kapitel enthält eine Sammlung erprobter, bekannter und weniger bekannter Spiele, Lieder und Kreativangebote für Kinder verschiedener Altersgruppen.
Die einzelnen praktischen Vorschläge wurden thematisch geordnet und mit Alters-, Zeit- und Materialangaben versehen. Diese Angaben sowie die folgende Spiel- oder Darbietungsbeschreibung sind als Vorschläge zu verstehen, die entsprechend der jeweiligen Situation variiert werden können.

Ich hoffe, mit dieser Materialsammlung allen Studierenden, Schülerinnen und Schülern, Erzieherinnen und anderen pädaogoischen Fachkräften eine anregende Praxishilfe für die eigene Arbeit an die Hand geben zu können und wünsche allen viel Freude und Erfolg beim Ausprobieren der Vorschläge zum Spielen und Gestalten.

Andrea Wilmes

---

1 *Aus Gründen der sprachlichen Vereinfachung werden in dem vorliegenden Band die weibliche und männliche Form abwechselnd verwendet. Selbstverständlich ist jedes Mal auch das andere Geschlecht angesprochen.*

DIE AUTORIN

Andrea Wilmes (Jg. 1963) arbeitete sechs Jahre als staatlich anerkannte Erzieherin in einem Kindergarten und schloss nach anschließendem Besuch der KFH Münster hier ihr Studium 1993 als Diplom-Sozialpädagogin ab. Während des Studiums begann sie 1992 einen Lehrgang zur Montessori-Erzieherin und erwarb mit Abschluss dieser Zusatzausbildung 1994 das Montessori-Diplom. Zudem ist sie Trainerin für achtsame Kommunikation und Märchenerzählerin. Europäischen Märchengesellschaft (EMG).

Seit 1993 unterrichtet Andrea Wilmes am St. Franziskus-Berufskolleg in Hamm angehende Erzieher/-innen, seit 2002 auch Schüler/-innen mit dem Ausbildungsziel „Staatlich anerkannte/-r Sozialassistentinnen/Sozialassistenten mit Fachoberschulreife".
Im zur Westermann-Verlagsgruppe gehörenden Bildungsverlag EINS hat sie seit 2003 zahlreiche Lehr- und Arbeitsbücher für sozialpädagogische und sozialpflegerische Berufe veröffentlicht wie beispielsweise:

* Sozialassistenz kompakt
* Betreuen, unterstützen, Situationen mitgestalten
* Spiel- und Beschäftigungsangebote für Kinder und Jugendliche
* Spielen und Gestalten mit älteren Menschen
* Sterben und Tod
* Aktivierung durch Bewegungs- und Beschäftigungsangebote

Insbesondere durch ihre Betreuung der Studierenden und Schülerinnen in den sozialpädagogischen Einrichtungen und ihre eigene Tätigkeit als Erzieherin konnte sie ein umfangreiches Repertoire an Spiel- und Gestaltungsangeboten zusammenstellen und kontinuierlich erweitern, sodass Sie im vorliegenden Praxisbegleitheft sowohl viele beliebte „Klassiker" finden wie auch beliebte neuere Spiel- und Gestaltungsangebote.

1 Einleitung: Warum spielen Menschen?

In diesem Kapitel werden Sie eingeladen, sich mit Ihrer eigenen Spielbiografie auseinanderzusetzen und sich darüber in Ihrem Team auszutauschen. Sie gehen dabei insbesondere den Fragen nach, was Spielen für Sie in Ihrem Leben bedeutet hat und auch heute noch bedeutet, an welche beliebten Spielformen Sie sich erinnern, welche Sie warum bevorzugt haben und welche weniger.

Vielleicht fühlen Sie sich durch diese Auseinandersetzung ein Stück weit wieder wie ein Kind, das im absichtslosen Spiel wichtige Erfahrungen zur Lebensbewältigung und zum Erhalt an Lebensfreude sammeln kann – ein wichtiger erster Schritt, um das kindliche Spiel und die Möglichkeiten der Spielbegleitung achtsamer in den Blick nehmen zu können.

1

BEISPIEL

Das Team der Kita „Aurelia“ hat gemeinsam die jährlich stattfindende Spielemesse besucht.

Auf der nächsten Teamsitzung findet ein reger Austausch über die gewonnenen Eindrücke statt. Es werden gemeinsam zwei neue Kreisspiele durchgeführt, die eine Mitarbeiterin auf der Messe kennengelernt hat. Eine Mitarbeiterin schlägt vor, diese im Rahmen einer Spielrunde in der nächsten Woche bei den Kindern einzuführen.

Die Erzieherinnen des Teams stellen fest, dass der Bereich„Spiel“ in letzter Zeit vernachlässigt wurde. Die Kita-Leitung stellt die Vermutung an, dass dem kindlichen Spiel als Selbstaneignung von Bildung im Bildungsplan bisher weniger Beachtung geschenkt wurde. So einigt man sich im Team darauf, den Bereich „Spiel“ wieder mehr in den Blick zu nehmen.

Zur Vorbereitung der nächsten Teamsitzung werden Kleinteams gebildet, die sich mit unterschiedlichen Aspekten zum Thema auseinandersetzen wollen:

* *Eine kleine Gruppe von Erzieherinnen möchte ihr Wissen über Spielformen und Spielverhalten des Kindes in den verschiedenen Altersstufen auffrischen und darüber berichten.*
* *Eine andere Gruppe hat es sich zur Aufgabe gemacht, klassische und neue Stuhlkreisspiele vorzustellen.*
* *Zwei Erzieher setzen sich mit der Frage auseinander, welche Spiel- und Gestaltungsmaterialien sie im aktuellen Freispiel bereitstellen könnten. Diese sollten anregend sein, bedürfnisorientierte Herausforderungen bieten und es den Kindern ermöglichen, sich im Idealfall selbst zu beschäftigen.*

„Das Spiel ist der Weg der Kinder zur Erkenntnis der Welt, in der sie leben!"

(Maxim Gorki, zit. nach Martin R. Textor [Hrsg.]: Spiel und Spielförderung, S. 1 Zugriff unter: www.kindergartenpaedagogik.de/images/PDF/2278.pdf [21.08.2019])

AUFGABE allein

Setzen Sie sich mit den folgenden Fragen auseinander und notieren Sie einige Ihrer Gedanken. Auf der Website www.kompetent-erziehen.de findet sich eine Vorlage des Fragebogens zum Ausdrucken (Vorlage 1).

www.

1. Was bedeutet Spielen heute für mich (ein Zeitvertreib, eine schöpferische Tätigkeit, eine Herausforderung, ein Wettbewerb, ...)?
2. Wie viel Zeit verbringe ich durchschnittlich in der Woche, um zu spielen bzw. meinem Hobby nachzugehen?
3. Wenn ich mit Erwachsenen spiele: Was macht mir am meisten Spaß (das Gewinnen, das gemeinsame Tun, ...)?
4. Habe ich ein bestimmtes Lieblingsspiel?
5. Gibt es bestimmte Spielformen, die ich nicht mag?
6. Bei welchen Spielen kann ich mich richtig abreagieren?
7. Welche Spiele habe ich in meiner Kindheit oft gespielt?
8. Gibt es eine bestimmte Spielsituation, an die ich mich erinnere?

AUFGABE im Team

Tauschen Sie sich über Ihre Gedanken zur Spielbiografie aus: Wo gibt es Gemeinsamkeiten, wo Unterschiede? Lassen sich hieraus und aus dem oben vorgestellten Fallbeispiel Konsequenzen für die Begleitung des kindlichen Spiels in Ihrer pädagogischen Arbeit ableiten?

EIGENE NOTIZEN

2 Das Spiel des Kindes im Alter von 0–3 Jahren

In diesem Kapitel lernen Sie die bevorzugten Spielformen von Kindern unter drei Jahren kennen.

Eine große Auswahl geeigneter Spiel- und Gestaltungsanregungen sowie Lieder, die Kinder dieses Alters lieben, hilft Ihnen – den aktuellen Bedürfnissen der Kinder entsprechend – Spiel- und Gestaltungsimpulse zu setzen.

2

2.1 Spielformen

Schon als Säuglinge beginnen Kinder zu spielen. In den ersten Monaten besteht die Spieltätigkeit weitestgehend darin, sich selbst, Menschen und Dinge wahrzunehmen. In den Bereichen Tasten, Fühlen, Sehen und Hören finden erste Spieltätigkeiten statt. Die kindliche Spieltätigkeit entwickelt sich zunehmend, wird differenzierter und vielfältiger. Bezugspersonen, die Auswahl des ersten Spielzeugs und die Gestaltung der Spielräume, in denen das Kind für seine Entwicklung grundlegende Erfahrungen sammeln kann, sind hierbei von entscheidender Bedeutung.

Die vorherrschenden Spielformen dieser Altersstufe sind folgende:

* das Übungs- oder Funktionsspiel,
* das Symbolspiel.

Das Übungs- oder Funktionsspiel

Zu dieser Spielform zählen alle Spiele, die das Erproben der Motorik und der Sinne betreffen. Es werden eigene Fähigkeiten und der Umgang mit Materialien erprobt. Bereits der Säugling spielt mit seinen Händen, Beinen und mit seiner Stimme. Zunehmend werden dann Gegenstände in dieses Bewegungsspiel einbezogen, indem z. B. eine Rassel bewegt oder ein über dem Bett hängendes Mobile mit den Augen verfolgt wird.

Im zweiten Lebenshalbjahr werden diese Gegenstände dann auch gezielt eingesetzt, indem das Kind Gegenstände absichtlich fallen lässt, sie heranzieht, sie aneinanderschlägt, schüttelt usw.
Diese Übungsspiele werden vom Kind immer differenzierter ausgeführt, je älter es wird. So versucht es, sobald es sich fortbewegen kann, auf einen Stuhl oder einen kleinen Hügel zu klettern, es probiert Materialien und deren Funktionen aus (z. B. Wasser gießen, Sand einfüllen). Das Kind lässt Dinge rollen, zieht Fahrzeuge hinter sich her oder schiebt etwas auf Rädern und versucht schließlich, sich selbst mit altersentsprechenden Fahrzeugen fortzubewegen.

In der Altersstufe von null bis drei Jahren haben diese Übungsspiele ihren Höhepunkt, sie bleiben aber bis ins Jugend- und Erwachsenenalter erhalten, wenn z. B. ein neues Gefährt wie ein Einrad ausprobiert wird.

Das Symbolspiel

Schon zu Beginn des zweiten Lebensjahres lassen sich einfache Vorformen des Rollenspiels, die sogenannten „Als-ob-Spiele" oder Symbolspiele beim Kind beobachten.
Zunächst handelt es sich bei diesen Spielen um reine Nachahmungsspiele. Das Kind wiederholt eigene erworbene Verhaltensformen oder bei den Erwachsenen beobachtetes Verhalten. Dann werden auch Symbole eingeführt: ein großer Pappkarton wird zum Haus, ein Blatt zum Teller, ein kleiner Wurfreifen und ein Stuhl zu einem Auto. Diese Gegenstände können immer wieder ihre Bedeutung ändern.

Dann übernimmt das Kind selbst kleine Rollen mit zunächst noch ganz kurzen Episoden und Szenen. Es spielt beispielsweise Essen zubereiten, eine Puppe schlafen legen, Auto fahren. Dabei tut es nicht nur so, als wäre es eine andere Person, sondern es fühlt im Spiel auch wirklich so, als wäre es diese Person. Nun kann es Dinge tun, die ihm als Kind nicht möglich sind, z. B. das kleine Geschwisterchen ins Bett bringen, ein Auto steuern. Dieses wichtige Nachspielen von erworbenen Eindrücken kann durch bestimmte Anregungen gefördert werden.

2

2.2 Spielen und Gestalten mit Kindern im Alter von 0–3 Jahren

www.

Spiele am Wickeltisch (Kap. 2.2.1)

Tupf, tupf, tupf
Der ist ins Wasser gefallen
Einmal hoch und einmal tief
Herr Pinz und Herr Panz
Das ist der Daumen

Einfache Fingerspiele (Kap. 2.2.2)

Da kommt ein Bär
Das ist das Kleinchen
Geht ein Mann die Treppe 'rauf
Wir klettern
Da hast' einen Taler
Das ist das Mäuschen

Einfache Bewegungsspiele (Kap. 2.2.3)

Ballonkette
Wer kommt in meine Arme?
Der Kissenweg
Barfuß durch den Matsch
Tunnelkrabbeln
Rollmops

Fantasiespiele (Kap. 2.2.4)

Der Verkleidungskorb
Der Kaufmannsladen
Die Schönheitsecke
Puppenwäsche
Fische angeln
Das eigene Haus
Die Lokomotive
Die Hupe
Wolkengeschichten

Lieder für Kleinkinder (Kap. 2.2.5)

Eselchens Traumreise
Ich bin ein dicker Tanzbär
Unser kleiner Bär im Zoo
Kräht der Hahn früh am Tag
Wie das Fähnchen auf dem Turme
Backe, backe Kuchen

2.2.1 Spiele am Wickeltisch

Das Wickeln sollte mehr sein als nur eine verpflichtende pflegerische Handlung. Gerade beim Säubern und Pflegen des Kindes bieten sich Möglichkeiten zur Kontaktaufnahme durch Blicke, Unterhaltungen und kleine Spiele.

Tupf, tupf, tupf

Alter des Kindes: ab ca. sechs Monaten

Während das Baby eingecremt wird, kann dieser Vers gesprochen werden:

„Tupf, tupf, tupf,
was ist denn das?
Tupf, tupf, tupf,
das macht ja Spaß!
Tupf, tupf, tupf,
es wird nicht bleiben,
Tupf, tupf, tupf,
ich werd's – verreiben!"

(Horak, 1993, S. 31)

Der ist ins Wasser gefallen

Alter des Kindes: ab ca. sechs Monaten

Bei dem nachfolgenden Spiel werden die einzelnen Zehen des Säuglings angetippt oder sanft jeder Zeh vom Grundgelenk bis zur Spitze ausgestreift. Dabei wird langsam folgender Text gesprochen:

„Der ist ins Wasser gefallen,
der hat ihn herausgezogen,
der hat ihn ins Bett gelegt,
der hat ihn zugedeckt,
und der kleine Schelm
hat ihn wieder aufgeweckt."

(Wilmes-Mielenhausen, 1996, S. 64)

Einmal hoch und einmal tief

Alter des Kindes: ab ca. 1½ Jahren

TEXT	BEWEGUNGEN
„Einmal hoch und einmal tief,	Man hebt und senkt die Arme des Kindes.
einmal gerade, einmal schief,	Die Arme werden gerade hoch- und dann abwechselnd zu beiden Seiten gehalten.
einmal dunkel, einmal hell,	Dem Kind werden ganz sacht die Hände vor die Augen gehalten und dann wieder weggenommen.
einmal langsam, einmal schnell."	Die Hände lässt man langsam und schnell auf der Wickelunterlage patschen.

Variation: Das Kind liegt auf dem Wickeltisch und die Füßchen werden entsprechend der Verszeilen bewegt.

(vgl. Wilmes-Mielenhausen,1996, S. 75)

Herr Pinz und Herr Panz

Alter des Kindes: ab ca. 12 Monaten

Material: zwei einfarbige Taschentücher o. Ä., ein Stift

Es wird jeweils an einen Taschentuchzipfel der beiden Tücher ein lockerer Knoten gebunden, durch den die Zeigefinger gesteckt werden. Eventuell erhalten die so entstandenen Tuchpüppchen auch noch ein wenig festgelegtes Gesicht.

TIPP

Achten Sie darauf, das Gesicht nur anzudeuten, denn ein sehr ausdifferenziertes Gesicht lässt nur wenig Raum für die kindliche Fantasie!
Will man das Spiel akustisch unterstützen, können Pinz und Panz zusätzlich kleine Glöckchen umgehängt werden.

TEXT	BEWEGUNGEN
Herr Pinz und Herr Panz,	Die Taschentuchpüppchen werden nacheinander dem Kind gezeigt.
die gehen zum Tanz. Es gehen zum Tanz, Herr Pinz und Herr Panz.	Passend zu diesen Zeilen werden die Zeigefinger bewegt.
Erst gehen sie rechts herum, dann gehen sie links herum.	Mit den Püppchen wird erst die rechte, dann die linke Körperseite berührt.
Erst gehen sie hinauf,	Die Püppchen werden von den Füßen aufwärts bis zum Kopf geschoben,
dann gehen sie hinab.	dann lässt man sie hinabrutschen.
Und am Ende machen beide „Klipp-di-klapp, Klipp-di-klapp!“	Zum Schluss werden die Püppchen schnell von den Händen abgestreift, und es wird in die Hände geklatscht.

Variation: Das Kind liegt auf dem Wickeltisch und die Füßchen werden entsprechend der Verszeilen bewegt.

(vgl. Wilmes-Mielenhausen,1996, S. 69)

Das ist der Daumen

Alter des Kindes: ab ca. sechs Monate

Bei dem nachfolgenden Spiel werden die einzelnen Finger des Säuglings angetippt oder die einzelnen Zeilen mit einer kleinen Handmassage verbunden, indem jeder Finger aufwärts über Grund- und Mittelgelenk bis zur Fingerspitze gestreichelt und dann der jeweilige Fingernagel sanft gedrückt wird. Der kleine Spruch bietet sich auch als Ablenkung beim lästigen Nägelschneiden an.

„Das ist der Daumen,
der schüttelt die Pflaumen,
der hebt sie auf,
der trägt sie nach Haus,
und der kleine Schelm
isst sie alle auf.“

(vgl. Wilmes-Mielenhausen, 1996, S. 64)

2.2.2 Einfache Fingerspiele

Bei Fingerspielen genießt das Kind – ähnlich wie bei den Spielen am Wickeltisch – die Zuwendung des Erwachsenen. Reime und körperliche Berührung erfreuen das Kind.

Im dritten Lebensjahr können einfache Fingerspiele dann auch von Erwachsenem und Kind gemeinsam durchgeführt werden.

TIPP

Kleine Requisiten wie aufgesetzte Fingerhüte, aufgemalte Gesichter auf den Fingern, Fingerpüppchen usw. können ein Fingerspiel für das Kind zu einem lustigen Erlebnis werden lassen.

Da kommt ein Bär

Alter des Kindes: ab ca. einem Jahr

Bei dem folgenden Fingerspiel geht man mit den Fingern langsam bis an den Hals des Kindes und krault es schließlich unter dem Kinn:

„Da kommt ein Bär,
er tappt daher
und fragt, wo mein lieber (*Name des Kindes sprechen*) wär?“

(Arndt/Singer, 1980, S. 48)

Da ist das Kleinchen

Alter des Kindes:
ab ca. 1½ Jahren

Bei diesem Fingerspiel fasst der Erwachsene beim Sprechen jeden Finger des Kindes an. Es wird mit dem kleinen Finger begonnen, am Schluss lässt man den Daumen nicken:

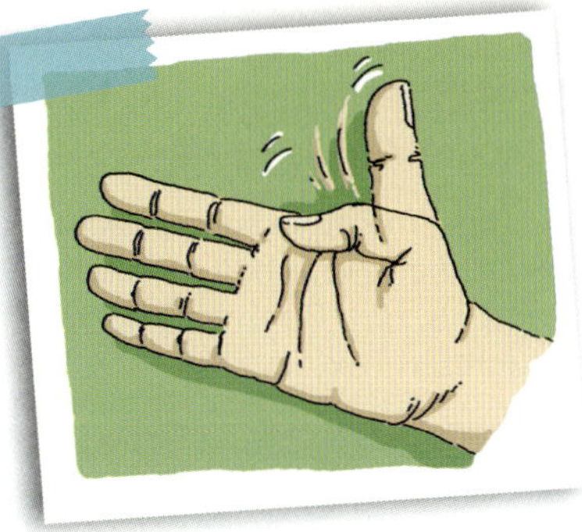

„Das ist das Kleinchen,
das ist das Beinchen,
das ist der lange Mann,
das ist der Zeigermann,
das ist der dicke Mann,der so schön nicken kann."

(mündlich überliefert)

Geht ein Mann die Treppe 'rauf

Alter des Kindes: ab ca. 1½ Jahren

Bei diesem Fingerspiel wandern Mittel- und Zeigefinger den Arm des Kindes hinauf. Es wird folgender Text gesprochen:

TEXT	BEWEGUNGEN
Geht ein Mann die Treppe 'rauf, klopft an, bim bam:	Das Kind wird leicht am Ohrläppchen gezogen.
„Guten Tag, Herr Nasenmann!"	Die Finger wandern bis zur Nase, und ganz sacht wird diese hin und her bewegt.

(mündlich überliefert)

Wir klettern

Alter des Kindes: ab ca. 1½ Jahren

Bei diesem Fingerspiel streckt das Kind den Arm aus und der Erwachsene krabbelt vom Ellbogen des Kindes mit den Fingern einer Hand bis zum Daumen und spricht dabei langsam und deutlich folgenden Text:

TEXT	BEWEGUNGEN
„Steigt der/die … (*Namen des Kindes nennen!)*	Man beginnt vom Ellbogen aus zur geöffneten Hand zu krabbeln.
auf den Baum, sehr hoch, sehr hoch man sieht ihn/sie kaum,	Der Daumen wird berührt.
hüpft von Ast zu Ast,	Die einzelnen Finger werden angetippt.
guckt ins Vogelnest.	Der Handteller wird berührt.
Huh, da lacht es! Hui, da kracht es! Hei, da fliegt es auch,	Die eigene Hand wird auf dem Handteller des Kindes hin und her bewegt.
plumps, liegt es auf dem Bauch.“	Die Hand landet mit einem Ruck neben dem Kind.

(vgl. Beermann/Bort, Mini Spielkartei, F 4)

Da Fingerspiele durch ihre Versform eine indirekte Vorbereitung auf Gesang, Gedichte u. Ä. bieten, sollten alle pädagogischen Fachkräfte die Melodie und den Text sicher beherrschen und ihn nicht ablesen.

Da hast' einen Taler!

Alter des Kindes: ab ca. 2 Jahren

Dem Kind wird ein Fantasiegeldstück auf den Handteller gelegt. Dabei wird folgender Vers gesprochen:

TEXT	BEWEGUNGEN
„Da hast einen Taler, geh auf den Markt,	Die Hand des Kindes wird geschlossen.
kauf dir 'ne Kuh, ein Kälbchen dazu.	Zunächst wird über die Hand des Kindes gestreichelt,
Kälbchen hat ein Schwänzchen, macht didel, didel, dänzchen."	dann mit zwei Fingern in der Handfläche gekrabbelt.

(mündlich überliefert)

Das ist das Mäuschen

Alter des Kindes: ab ca. 2 Jahren

Dieses Fingerspiel kann gemeinsam mit dem Kind im dritten Lebensjahr durchgeführt werden. Der Text sollte betont langsam gesprochen werden, damit Text und Bewegung für das Kind gut nachvollziehbar bleiben:

TEXT	BEWEGUNGEN
„Das ist das Mäuschen,	Der ausgestreckte Daumen wackelt über der Faust hin und her.
schlüpft in das Häuschen,	Der Daumen kriecht in die Faust hinein.
guckt wieder 'raus,	Der Daumen wird wieder hochgestreckt.
hier ist die Maus!"	Der Daumen wackelt hin und her.

(Beermann/Bort-Gsella, Mini Spielkartei, 1996, F 4)

2.2.3 Einfache Bewegungsspiele

Wenn das Kind Laufen gelernt hat, entdeckt es recht schnell weitere Bewegungsformen, die es ausprobieren möchte wie Klettern, Hüpfen, Balancieren, Rutschen usw. Diese Funktionslust des Kindes kann durch kleine Spiele unterstützt werden.

Ballonkette (Bewegungsspiel im Raum)

Alter des Kindes: ab ca. 1½ Jahren
Material: einige Luftballons, eine Schnur zum Befestigen der Ballons

Es werden einige Ballons aufgeblasen und an einer Schnur in Kopfhöhe des Kindes/der Kinder aufgehängt. Die Kinder können nun nach Belieben darunter herlaufen, sie leicht berühren usw.

(mündlich überliefert)

„Wer kommt in meine Arme?" (Bewegungsspiel im Freien)

Alter des Kindes: ab ca. 2 Jahren
Material: einige Luftballons, eine Schnur zum Befestigen der Ballons

Draußen beim Spaziergang geht der Erwachsene ein kleines Stück vor, dreht sich um, breitet seine Arme aus und ruft: „Wer kommt in meine Arme?" Das Kind läuft auf den Erwachsenen zu, der es hochhebt und ein paar Mal im Kreis herumwirbelt.

(mündlich überliefert)

Der Kissenweg (Bewegungsspiel in einem möglichst großen Raum)

Alter des Kindes: ab ca. 1½ Jahren
Material: sieben oder mehr Kissen

Es werden viele Kissen hintereinandergelegt und das Kind/die Kinder und der Erwachsene versuchen gleichermaßen, über die Kissen zu laufen, ohne abzurutschen.

Variationen: Es wird ein Kissen weggenommen und versucht, über die Lücke zu springen.
Das Kind rutscht mit einem Kissen um die anderen Kissen herum, zum Schluss wird ein großer Berg aus allen Kissen aufgetürmt, dessen „Gipfel" die Kinder nacheinander zu erklimmen versuchen.

(mündlich überliefert)

Barfuß durch den Matsch (Bewegungsspiel im Freien)

Alter des Kindes: ab ca. 1½ Jahren

Alle beteiligten Kinder und der Erwachsene ziehen Schuhe und Strümpfe aus und gehen durch nassen Sand (z. B. am Strand). Die Kinder werden an die Hand genommen, und alle patschen zum Rhythmus des folgenden Verses in den Sand hinein:

„Pitsch, patsch, patsch
Barfuß durch den Matsch!
Der Matsch quatscht durch die Zehen,
das stört uns nicht, wir gehen
fröhlich durch den Matsch,
pitsch, patsch, patsch."

(vgl. Lübben-Chambi; Jackson, 2001, S. 74)

Tunnelkrabbeln
(Bewegungsspiel in einem großen Raum oder im Freien)

Alter des Kindes:
ab ca. 1½ Jahren

Material:
Tische, Stühle, Tücher und Decken

Gemeinsam mit den Kindern wird ein Tunnel gebaut, indem mehrere Tische und Stühle aneinandergestellt und mit Decken und Tüchern überworfen werden. Die Kinder krabbeln durch den Tunnel und nehmen ein Spielzeug (z. B. ein Klötzchen) mit, das sie am Ende des Tunnels ablegen sollen.

(Singerhoff/Stiefenhofer, 2004, S. 83)

Rollmops

(Bewegungsspiel in einem größeren Raum mit Teppichboden oder auf der Wiese)

Alter des Kindes: ab ca. 2 Jahren

Es werden alle Möbel zur Seite gestellt, damit eine große Fläche zum Rollen vorhanden ist. Der Erwachsene oder zwei andere Kinder rollen vorsichtig ein Kind, das sich stocksteif macht, durch den Raum oder über eine Wiesenfläche.

(vgl. Singerhoff, Stiefenhofer, 2004, S. 88)

2.2.4 Fantasiespiele

Das Nachspielen von erworbenen Eindrücken, wie es sich im sogenannten „Symbolspiel" zeigt (siehe hierzu auch Kapitel 2.1), kann durch bestimmte Anregungen gefördert werden.

Hier einige Beispiele:

Der Verkleidungskorb

Alter des Kindes: ab ca. 2 Jahren
Material: Tücher, Gewänder, Hüte, Erwachsenenschuhe oder -stiefel usw.

Das zwei- bis dreijährige Kind kann noch nicht so in fremde Rollen schlüpfen wie wir es beispielsweise bei einem Vierjährigen beobachten können. Dennoch liebt es bereits Requisiten zum Verkleiden. Stellen Sie dem Kind deshalb einige Kleidungsstücke in einem „Verkleidungskorb" zur Verfügung.

(vgl. Horak, 1993, S. 114 f.)

TIPP

Stellen Sie keine Schuhe oder Stiefel mit hohen Absätzen zur Verfügung. Arbeiten Sie in die Gewänder einen Gummizug ein, damit sich das Kind selbstständig umziehen kann.

Der Kaufmannsladen/Einkaufen

Alter des Kindes: ab ca. 2 Jahren
Material: Einkaufstaschen, Körbchen, Becher zum Aufbewahren und Umfüllen der „Waren“, leere zugeklebte Lebensmittelschachteln, Dosen mit Schraubverschluss, Holzobst, Naturmaterialien wie Kastanien, Nüsse, große Mehlschaufeln und vieles mehr

Zwei- bis Dreijährige können Einkaufssituationen zwar noch nicht im Einzelnen ganz und gar begreifen, spielen diese aber dennoch gerne auf ihre Weise nach.

Das Umfüllen von Materialien wie Sand, Reis u. Ä., das bereits das jüngere Kleinkind liebt, erfährt in diesem Spiel eine Erweiterung. Alles kann zu allem werden. Das Kind schüttet z. B. kleine Steinchen von einer Dose in eine andere, und diese werden für das Kind zu Kirschen, Bonbons usw.

Die Kinder spielen dann Einkaufen und packen Bauklötze, Schachteln, kleine Dosen in Taschen, packen diese wieder aus, lassen sich „Bonbons“ (z. B. Steinchen) in Becher füllen usw.

(vgl. Horak, 1993, S. 114 f.)

Die Schönheitsecke

Alter des Kindes: ab ca. 2 Jahren
Material: Spiegel, Kammtasche oder ein Körbchen mit Bürsten, Kämmen, Spangen, Modeschmuck u. Ä.

Auch die Zwei- bis Dreijährigen betrachten sich schon gerne im Spiegel, wenn sie sich verkleidet haben oder sich kämmen, mit Schmuck behängen u. Ä.

Hängen Sie deshalb für die Kinder einen Spiegel auf, in dem sie sich ganz sehen können. Daneben können Sie eine einfache Kammtasche oder ein Körbchen mit Bürsten, Kämmen, Spangen, Modeschmuck aufbewahren, sodass sich das Kind jederzeit „schön machen“ kann.

(vgl. Horak, 1993, S. 114 f.)

Puppenwäsche

Alter des Kindes: ab ca. 2 Jahren
Material: Waschschüssel, Puppenkleidung

Kinder lieben es, mit Wasser zu planschen. Deshalb können Sie dem Kind auch einmal anbieten, die Puppenwäsche zu waschen.

(mündlich überliefert)

TIPP

Achten Sie darauf, dass dieses Spiel nur im Waschraum oder Badezimmer stattfindet, denn für die Kinder ist das schönste Erlebnis an der Puppenwäsche der Überfluss des Wassers.

Fische angeln

Alter des Kindes: ab ca. 2 Jahren
Material: zusammengerollte Strümpfe, Kleiderbügel

Rollen Sie einige Strümpfe zusammen und verteilen Sie diese gleichmäßig auf dem Boden. Nun geben Sie den Kindern Kleiderbügel in die Hand. Die Kinder versuchen, mit den Haken der Kleiderbügel die „Fische“ zu fangen.

(vgl. Beermann/Bort: Mini Spielkartei, 1996, R 2)

Das eigene Haus

Alter des Kindes: ab ca. 2 Jahren
Material: großer Pappkarton, Kissen, Decken, eventuell Farbe zum Bemalen des Kartons

Ein großer Karton wird umgedreht. Schneiden Sie nun mit einem Papiermesser ganz nach Wunsch der Kinder Fenster und Türen ein. Eventuell können die Kinder das Haus dann noch anmalen.

Die Kinder können ihr eigenes Haus dann mit Decken, Kissen, Taschenlampe usw. nach eigenem Belieben einrichten.

(mündlich überliefert)

Die Lokomotive

Alter des Kindes: ab ca. 2 Jahren

Stellen Sie sich als Lokomotive, Auto, Flugzeug, Boot usw. zur Verfügung. Das Kind darf in „das Fahrzeug“ einsteigen. Es fährt oder fliegt nun mit Ihnen, wohin es will und macht dazu passende Geräusche.

(vgl. Beermann/Bort: Mini Spielkartei, 1996, R 1)

Die Hupe

Alter des Kindes: ab ca. 2 Jahren

Sagen Sie dem Kind, dass sich an Ihrem Körper irgendwo eine Hupe befindet. Drückt man darauf oder zupft man daran, passiert irgendetwas Lustiges.

(vgl. Beermann/Bort: Mini Spielkartei, 1996, R 7)

BEISPIELE:

Am linken Ohr zupfen – der rechte Arm geht hoch.
Auf den Fuß drücken – die Zunge kommt heraus und vieles mehr.

Wolkengeschichten

Alter des Kindes: ab ca. 3 Jahren

Setzen Sie sich mit dem Kind auf eine Parkbank oder legen Sie sich auf eine Decke, und betrachten Sie am Himmel die Wolkenberge. Überlegen Sie gemeinsam mit dem Kind, welche Tiere, Pflanzen usw. man am Himmel sehen kann und erzählen Sie dazu eine Geschichte, die sich am Himmel abspielt und beobachten lässt.

(mündlich überliefert)

2

2.2.5 Lieder für Kleinkinder

„Eselchens Traumreise“ (Schlaflied)

(mündlich überliefert)

Ich bin ein dicker Tanzbär

(mündlich überliefert)

Es wird ein Kind ausgewählt, das den Tanzbären spielt.

2

„Unser kleiner Bär im Zoo“ (Spiellied)

Beim Singen des folgenden Liedes werden die entsprechenden Bewegungen und Handlungen durchgeführt.

Bei YouTube finden sich hierzu Beispiele, z. B. unter *www.youtube.com/watch?v=VWRRm2m-hf4*.

(Lamp/Sumfleth, 2015, S. 114 © Rolf Krenzer Erben, Dillenburg)

TIPP

Die pädagogische Fachkraft gibt eine Bewegung vor und lässt dann die Kinder weitere Bewegungen vorschlagen.

„Kräht der Hahn früh am Tag" (Geburtstagslied)

2. Guckt das Eichhörnchen runter:
Wenig Zeit, wenig Zeit!
Guten Morgen, Rumpumpel!
Dein Geburtstag ist heut.

3. Kommt das Häschen gesprungen,
macht Männchen vor Freud:
Guten Morgen, Rumpumpel!
Dein Geburtstag ist heut.

4. Steht der Kuchen auf dem Tische,
macht sich dick, macht sich breit:
Guten Morgen, Rumpumpel!
Dein Geburtstag ist heut.

(Text: Paula Dehmel, Melodie: Karl Marx, © Bärenreiter Verlag, Kassel)

2

„Wie das Fähnchen auf dem Turme“ (Spiellied)

Der Erwachsene streckt einen Arm in die Höhe und bewegt ihn vor dem Kind entsprechend der folgenden Liedzeilen hin und her.

Wie das Fähnchen auf dem Turme
sich kann dreh’n bei Wind und Sturme,
so soll sich mein Händchen dreh’n,
dass es eine Lust ist anzuseh’n.

(mündlich überliefert)

„Backe, backe Kuchen" (Spiellied)

Dieses Lied wird mit einem entsprechenden Klatschrhythmus begleitet:

Backe, backe Kuchen,
der Bäcker hat gerufen!
Wer will guten Kuchen backen,
der muss haben sieben Sachen:
Eier und Schmalz,
Butter und Salz,
Milch und Mehl,
Safran macht den Kuchen gehl:
Schieb in den Ofen rein.

(mündlich überliefert)

EIGENE NOTIZEN

3 Das Spiel des Kindes im Kindergartenalter

Ab dem vierten Lebensjahr erfahren die ersten Spielformen eine deutliche Erweiterung. Diese Spielformen werden Ihnen im folgenden Kapitel vorgestellt.

Auch finden Sie hier wieder viele geeignete Spiel- und Gestaltungsanregungen sowie Lieder, die Sie den aktuellen Bedürfnissen der Kinder im Alter von drei bis sechs Jahren entsprechend auswählen können.

3.1 Spielformen

Die vorherrschenden Spielformen von Kinder im Kindergartenalter sind:

* **das Rollenspiel** als Fortsetzung des Symbolspieles,
* **das Übungs- und Funktionsspiel,** bei dem die Kinder selbst etwas herstellen,
* **das Konstruktionsspiel** als Fortsetzung des Übungsspiels,
* **das Regelspiel,** das sich ebenfalls langsam aus den Übungsspielen entwickelt.

Das Rollenspiel

Bei dieser Spielform versetzen sich die Kinder in verschiedene Rollen, die in der Spielgruppe untereinander festgelegt werden (z. B. Vater-Mutter-Kind-Spiel). Requisiten, wie Gegenstände aus der Erwachsenenwelt oder auch Verkleidungen, unterstützen diese Spielform. Es werden überwiegend beobachtete Handlungsabläufe nachgespielt und neue Handlungen ausprobiert. Das Kind übt beispielsweise Verhaltensweisen von Erwachsenen ein.
Ebenso können durch diese Spielform unangenehme Ereignisse nachgespielt und somit verarbeitet werden, oder es werden Situationen erprobt, die dem Kind Angst bereiten (z. B. ein bevorstehender Krankenhausaufenthalt).

Im Kindergartenalter wird zwischen zwei Formen des Rollenspiels unterschieden:

* **das freie Rollenspiel:** Dies reicht vom einfachen Spiel ohne Spielpartner bis hin zum kollektiven bzw. sozialen Rollenspiel, bei dem mehrere Kinder untereinander die zu spielenden Rollen verteilen,
* **das angeleitete Rollenspiel:** Die Initiative geht von einer pädagogischen Fachkraft aus. Thema und Inhalt des Rollenspiels werden vorgegeben.

Das Übungs- und Konstruktionsspiel

Bei dieser Spielform stellen die Kinder, z. B. durch Bauen, Werken, Malen oder Formen, selbst etwas her. Mit verschiedenen Materialien gestaltet das Kind ein Werk nach eigenen, vorgegebenen oder in der Gruppe entwickelten Vorschlägen. Diese Spielform stellt einen Übergang zu Arbeitstätigkeiten dar, die zum Teil viel Ausdauer und Konzentration fordern. Das Kind lernt hierbei, nach einem Plan zu arbeiten oder etwas Vorgestelltes zu gestalten. Bei einigen zu gestaltenden Werken werden auch erste technische Zusammenhänge erkannt.

Beim Konstruktionsspiel unterscheiden wir zwischen zwei verschiedenen Spielformen:

1. Bauspiele

- **Spiel mit kleinen Bausteinen auf dem Tisch oder dem Boden**
- **Spiel in eigens ausgestatteten Baubereichen auf dem Boden**
- **großräumiges Bauen im Turnraum, Flur oder im Freien**

2. Mal- und Gestaltungsspiele

Das Regelspiel

Bei dieser Spielform wird nach Regeln gespielt, die eingehalten werden müssen, um das Spiel durchführen zu können.
Hierbei erhalten die Spiele ab dem vierten Lebensjahr zum Teil auch Wettbewerbscharakter. Sie spornen das Kind zu Leistungen an, die es mit denen anderer vergleicht. Das Kind erlebt, wie es sich anfühlt, zu gewinnen oder zu verlieren. Zudem lernt es gerade durch Regelspiele, die einen bestimmten persönlichen Einsatz erfordern, seine eigenen Grenzen kennen.

Unter anderem zählen zu dieser Spielform folgende Spiele:

* **Gesellschaftsspiele:** Regelspiele, bei denen mithilfe von Spielfiguren, einem Würfel, Karten o. Ä. ein bestimmtes Ziel erreicht wird. Meist gibt es einen Sieger und einen Verlierer.
* **Kreisspiele:** Spiele, die in Kreisform gespielt werden, z. B. im Stuhlkreis. Dabei werden oft spielbare Lieder mit vorgegebenen Regeln eingesetzt.
* **Bewegungsspiele:** Regelspiele, deren Grundform die Bewegung ist

3

3.2 Spielen und Gestalten mit Kindern im Kindergartenalter

3.2.1 Einfache darstellende Spiele

Lieder darstellen
Marionetten-Spiel
Erbsen rollen über die Straße
Der Zauberstab
König Zwirbelbart
Löwenjagd
Großer König Tini-Zong

3.2.2 Spiellieder

Hallo, hallo,
schön, dass du da bist
Häschen in der Grube
Im Garten steht ein Blümelein
Schmetterling, du kleines Ding
Dornröschen
war ein schönes Kind
Ich bin die kleine Hexe
Timpe, Tampe Zaubermann
Ein kleiner grauer Esel
Pitsch, patsch Pinguin
Zwei lange Schlangen
Aramsamsam
Honky Tonky
Was hör ich da von nebenan?
Ich hol mir eine Leiter
Katzentatzentanz
Hin und her im Kindergarten

3.2.3 Fingerspiele

Zehn kleine Zappelmänner
Regen
Zottelsaum, der Apfeldieb
Großmutters Brille
Vater Maus
Himpelchen und Pimpelchen
Max und Moritz
Fünf kleine Fische

3.2.4 Spiele für alle Sinne
(Kimspiele)

Ich sehe was,
was du nicht siehst
Der geheime Dirigent
Deckengeist
Hund und Knochen
Hänschen, piep mal
Was liegt auf der Hand?
Juckt es da vielleicht?
Wonach riecht das denn?

3.2.5 Reaktionsspiele

Zipp-Zapp
Hatschi Bratschi
Obstsalat
Achtung –
welches Tier kommt jetzt?
Reise nach Jerusalem

3.2.6 Bewegungsspiele

Fischer, Fischer
wie tief ist das Wasser?
Tausendfüßler
Feuer, Wasser, Erde
Tauziehen
Katz und Maus

3.2.7 einfache Maltechniken

Finger-, Fuß- und Handabdruck
Blätterbild oder -druck
Pustetechnik
Klatschbild
Wachsbilder

3.2.8 Faltspiele

Fangbecher
Fröschchen
Windrad
Schweinchen
Himmel und Hölle

3.2.9 Lieder für Kinder im Vorschulalter

Wie schön,
dass du geboren bist
Das Lied über mich
Der arme Floh
Zwei kleine Wölfe
Ein Huhn, ein Huhn,
man glaubt es kaum
Wer hat den Keks in der Dose
geklaut?
Sankt Martin ritt durch Schnee
und Wind
Durch die Straßen auf und nieder
Ich geh mit meiner Laterne
In der Weihnachtsbäckerei

3.2.10 Spiele für ein Kita-Sommerfest

Korbwerfen
Dosenpyramide
Torwandwerfen
Wettangeln
Das große Wurfspiel
Glücksbänderziehen

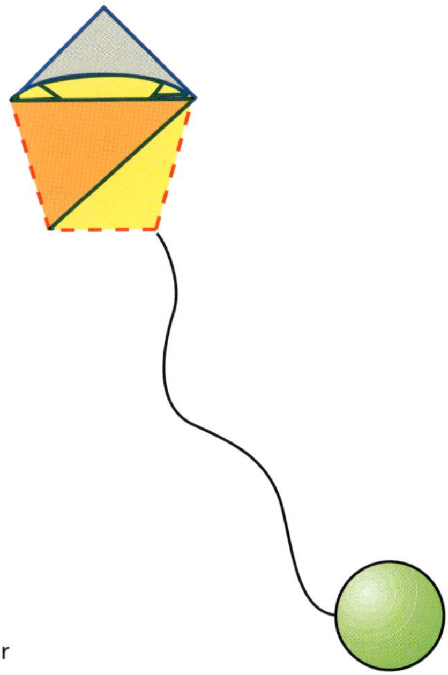

3.2.1 Einfache darstellende Spiele

Darstellende Spiele ermöglichen es dem Kind, seine Fantasie, seine Ideen und Kreativität anzuregen und Gesehenes und Erlebtes nachzuahmen.
Bezugspersonen können die Spielideen des Kindes mit spielanregenden Materialien oder Requisiten unterstützen und durch gezielte Spielanregungen neue Spielimpulse setzen.

Lieder darstellen

Alter der Mitspieler: ab 5 Jahren
Anzahl der Mitspieler: 1–20 Spieler
Spieldauer: ca. 5 Minuten

Alle Kinder sitzen im Halbkreis und singen ein ihnen bekanntes Lied. Ein Kind oder mehrere versuchen, dazu passende pantomimische Bewegungen zu erfinden.

(vgl. Thiesen, 1994, S. 170)

Marionetten-Spiel

Alter der Mitspieler: ab 5 Jahren
Anzahl der Mitspieler: ab 2 Spielern
Spieldauer: ca. 10 Minuten

Jeweils zwei Kinder spielen zusammen: eines ist die Marionette, das andere der Marionettenspieler. Dieser zieht bei der Marionette an unsichtbaren Fäden und überprüft dabei z. B. Knie, Füße, Kopf, Schulter, Po usw. Zum Schluss werden alle Fäden losgelassen, und die Marionette fällt in sich zusammen. Dann werden die Rollen getauscht.

(mündlich überliefert)

Erbsen rollen über die Straße

Alter der Mitspieler: ab 5 Jahren
Anzahl der Mitspieler: ab 2 Spielern
Spieldauer: ca. 5 Minuten

Alle Kinder sitzen im Kreis. Folgender Satz wird unter verschiedenen Vorgaben ein- bis zweimal von der gesamten Gruppe gesprochen:

„Erbsen rollen über die Straße und sind platt.
Oh wie schade, jammer-, jammerschade.
Erbsen rollen über die Straße und sind platt!“

(mündlich überliefert)

BEISPIEL
„Sprich wie ein alter Mann, ein kleines Kind, eine vornehme Dame, ein Betrunkener!“ usw.

Der Zauberstab

Alter der Mitspieler: ab 3 Jahren
Anzahl der Mitspieler: ab 3 Spielern
Spieldauer: ca. 5 Minuten
Material: ein kleiner bunter Stab

Die Erzieherin gibt einem Kind den „Zauberstab“ in die Hand und erläutert: „Wer diesen Stab in der Hand hält, kann alle anderen in Figuren, Tiere oder Gegenstände verwandeln (z. B. Hund, Katze, Auto, Telefon). Nach drei „Verwandlungsrunden“ wird der Zauberstab an einen weiteren Mitspieler gegeben.

(vgl. Beermann/Bort: Mini Spielkartei, 1996, D 6)

Großer König Tini Zong

Alter der Mitspieler: ab 4 Jahren
Anzahl der Mitspieler: ab 10 Spielern
Spieldauer: ca. 5 Minuten
Material: ein kleiner Gong

Ein Kind steht in der Mitte und hält einen Gong in der Hand. Dieses Kind ist der große König Tini Zong.

Die anderen Kinder singen:

**„Großer König Tini Zong mit dem großen Zaubergong,
sag uns bitte, was für Sachen
wir heut' sollen für Dich machen, großer Tini Zong."**

Großer König Tinizong

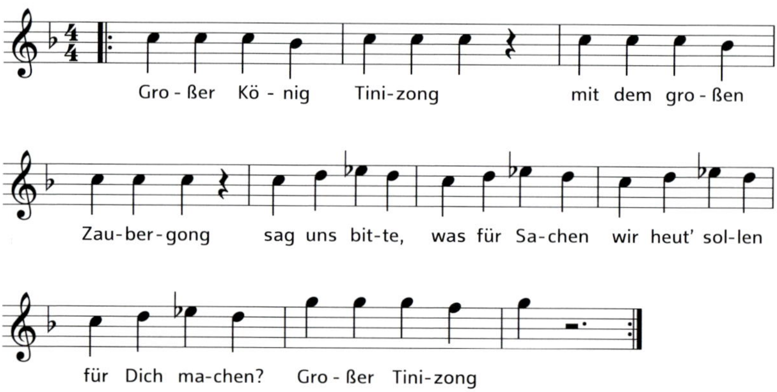

(Gerda Bächli, © Musikverlag zum Pelikan, Hug & Co. Musikverlage, Zürich)

Tini Zong sagt beispielsweise: „Stricken, Fahrrad fahren ...", und schlägt auf den Gong. Die Kinder führen die Tätigkeit so lange aus, bis der Ton des Gongs erlischt.
Dann gibt Tini Zong den Gong dem Kind, das die Tätigkeit seiner Meinung nach am besten gemacht hat.

(mündlich überliefert)

König Zwirbelbart (Mitmachgeschichte)

Alter der Mitspieler: ab 4 Jahren
Anzahl der Mitspieler: ab 8 Spielern
Spieldauer: ca. 10 Minuten

Die Kinder sitzen im Kreis oder Halbkreis. Die Erzieherin spricht den nachfolgenden Text, macht die rechts stehenden Bewegungen vor und fordert die Kinder auf, mitzumachen:

TEXT	BEWEGUNGEN
Es war einmal ein König, das war der König Zwirbelbart, der hatte drei Töchter.	Mit beiden Zeigefingern auf jeder Seite am Kopf entlang „zwirbeln" und so einen Bart andeuten,
Die erste Tochter, das war die Prinzessin „Hui".	die Arme hochheben,
Die zweite Tochter, das war die Prinzessin „Pfui"	die Hand vor den Mund halten und eine entsprechende Gebärde machen,
und die dritte Tochter, das war die Prinzessin „Mmmmm".	gestisch ein Küsschen geben
Nun wollte der König Zwirbelbart, dass seine drei Töchter heirateten. Er schrieb Briefe an die Prinzen im ganzen Land.	Hände wie beim Schreiben bewegen,
Es kamen nun drei, um sich die Prinzessinnen anuschauen. Allen gefiel die Prinzessin „Mmmmm" am besten,	wieder ein Küsschen geben,
und sie wollten die Prinzessin „Mmmmm" heiraten.	wieder ein Küsschen geben,
Aber der König „Zwirbelbart" sagte: „Nein, nein, Nein."	mit den Zeigefingern „zwirbeln", dann mit einem Zeigefinger „wackeln" für „Nein, nein, nein!"
Erst muss die Prinzessin „Hui" heiraten dann die Prinzessin „Pfui"	Die Arme hochheben, die Hand vor den Mund halten und eine entsprechende Gebärde machen,
und zum Schluss die Prinzessin „Mmmmm".	Küsschen geben

TEXT	BEWEGUNGEN
Also reisten die meisten Prinzen wieder ab. Aber ein Prinz, der hatte sich so in die Prinzessin „Mmmmm“ verliebt, dass er sie unbedingt heiraten wollte.	Küsschen geben,
Also fragte er seine Bekannten, ob sie nicht die Prinzessin „Hui“	Arme hochheben,
und die Prinzessin „Pfui“ haben wollten.	Hand vor den Mund halten,
Aber keiner wollte eine der beiden heiraten. Trotzdem machte sich der verliebte Prinz eines Nachts auf den Weg, nahm sein Pferd aus dem Stall und ritt zum Königsschloss.	Zügel in die Hand nehmen,
Dort stieg er von seinem Pferd, ging durch das Zimmer des Königs „Zwirbelbart“,	mit den Füßen trampeln,
ging durch das Zimmer der Prinzessin „Hui“,	Arme hochheben,
ging dann durch das Zimmer der Prinzessin „Pfui“,	Arme hochheben,
und kam schließlich in das Zimmer der Prinzessin „Mmmmm“	Küsschen geben,
Dort lag sie in ihrem wunderschönen Bett.	Hand vor den Mund halten,
Er gab ihr einen Kuss,	Küsschen geben,
nahm sie auf seine Arme un d trug sie durch das Zimmer der Prinzessin „Pfui“,	Hand vor den Mund halten,
trug sie durch das Zimmer der Prinzessin „Hui“	Arme hochheben,
und trug sie durch das Zimmer von König Zwirbelbart.	mit den Füßen trampeln,
Dann ging er durch die Tür, machte die Tür hinter sich zu und setzte die Prinzessin „Mmmmm“ auf sein Pferd,	Küsschen geben,
schwang sich hinter sie und ritt davon.	unsichtbare Zügel halten und auf und nieder wippen.
… und wenn sie nicht gestorben sind, so leben sie noch!	

(mündlich überliefert)

Löwenjagd (Mitmachgeschichte)

Alter der Mitspieler: ab 4 Jahren
Anzahl der Mitspieler: ab 8 Spielern
Spieldauer: ca. 10 Minuten

Die Spielleiterin erzählt die folgende Geschichte und die Kinder begleiten sie mit entsprechenden Gesten und Geräuschen:

TEXT	BEWEGUNGEN
„Wir gehen heut' auf Löwenjagd und haben keine Angst – huh!	Im Takt zum Text auf die Oberschenkel klatschen,
Wir haben ein Gewehr dabei und auch ein langes Schwert.	eine Pistole formen und mit der flachen Hand „in die Luft schneiden",
Wir kommen an ein hohes Gras.	andeuten, wie hoch es ist,
Wir können nicht oben drüber, wir können nicht unten durch, wir können nicht außen herum, wir müssen mittendurch.	mit beiden Händen nach oben zeigen, dann mit beiden Händen nach unten zeigen, dann die Arme auseinanderstrecken und schließlich durch die Mitte „schlagen",
Wir schneiden das Gras mit dem Schwert ab: cht, cht, cht, cht ...	mit der flachen Hand die Schneidbewegungen machen,
Geschafft!	auf die Oberschenkel klatschen,
Wir gehen heut' auf Löwenjagd und haben keine Angst – huh!	im Takt zum Text auf die Oberschenkel klatschen,
Wir haben ein Gewehr dabei und auch ein langes Schwert.	eine Pistole formen und mit der flachen Hand „in die Luft schneiden",
Wir kommen an einen breiten Fluss. *(andeuten, wie breit er ist)*	zeigen, wie groß der Fluß ist,
Wir können nicht oben drüber, wir können nicht unten durch, wir können nicht außen herum, wir müssen mittendurch.	mit beiden Händen nach oben zeigen, dann mit beiden Händen nach unten zeigen, dann die Arme auseinanderstrecken und schließlich durch die Mitte „schlagen",
Wir müssen durchschwimmen: schwimm, schwimm, schwimm ...	Schwimmbewegungen machen,

TEXT	BEWEGUNGEN
Geschafft!	auf die Oberschenkel klatschen,
Wir gehen heut' auf Löwenjagd und haben keine Angst – huh!	im Takt zum Text auf die Oberschenkel klatschen,
Wir haben ein Gewehr dabei und auch ein langes Schwert.	eine Pistole formen und mit der flachen Hand „in die Luft schneiden“,
Wir kommen an ein großes Feuer. Wir müssen das Feuer ausstampfen: stampf, stampf, stampf …	zeigen, wie groß das Feuer ist, mit den Füßen stampfen,
Wir können nicht oben drüber, wir können nicht unten durch, wir können nicht außen herum, wir müssen mittendurch.	mit beiden Händen nach oben zeigen, dann mit beiden Händen nach unten zeigen, dann die Arme auseinanderstrecken und schließlich durch die Mitte „schlagen“,
Geschafft!	auf die Oberschenkel klatschen,
Wir gehen heut' auf Löwenjagd und haben keine Angst – huh!	im Takt zum Text auf die Oberschenkel klatschen,
Wir haben ein Gewehr dabei und auch ein langes Schwert.	eine Pistole formen und mit der flachen Hand „in die Luft schneiden“,
Wir kommen an eine Höhle, es ist ganz dunkel.	die Augen zuhalten
Wir fühlen etwas Weiches, Warmes – oje – der Lööööwe! Schnell zurück!	

Nach dieser Entdeckung „rennen“ alle vor dem Löwen davon, die ganze Strecke zurück. Alle Stationen werden in großer Hektik, also mit gesteigertem Tempo, in umgekehrter Reihenfolge durchlaufen.

TEXT	BEWEGUNGEN
Das Feuer ist wieder angegangen, nochmal ausstampfen!	Mit den Füßen stampfen,
Durch den Fluss schwimmen!	Schwimmbewegungen machen,
Oh je, wir sind an der falschen Stelle am Gras – nochmal abschneiden!	mit der flachen Hand Schneidbewegungen machen,
Geschafft!	auf die Oberschenkel klatschen,
Wir waren heut' auf Löwenjagd und hatten keine Angst – huh!	im Takt zum Text auf die Oberschenkel schlagen.

(mündlich überliefert)

3.2.2 Spiellieder

Spiellieder gefallen Kindern im Kindergartenalter besonders gut. Einfache Bewegungen und selbst gesungene Liedzeilen werden hier miteinander verbunden. Die Kinder verbessern durch Singen und Spielen ihre sprachliche Ausdrucksfähigkeit und ihre Merkfähigkeit für einfache Texte und Melodien.

Zusammen mit den anderen Kindern wird im Kreis gesungen, getanzt, geklatscht und auf diese Weise das Gemeinschaftsgefühl gestärkt.

Bezugspersonen, die mit Kindergruppen arbeiten, sollten deshalb darauf achten, den Kindern diese Art von Spielen möglichst oft anzubieten.

Hallo, hallo, schön, dass du da bist

Alter der Mitspieler: ab 3 Jahren
Anzahl der Mitspieler: ab 10 Spielern
(gerade Anzahl für Innen- und Außenkreis)
Spieldauer: ca. 10 Minuten

Die Kinder bilden einen Innen- und einen Außenkreis, sodass sie sich jeweils paarweise gegenüber stehen. Sie singen das folgende Lied:

(Tao Music & Mediaproductions, Achim Oppermann, Hamburg: Kinderlieder von Kindern für Kinder, Hallo, hallo, schön, dass Du da bist, abgerufen unter: www.lichterkinder-musik.de/wp-content/uploads/2015/03/Hallo-hallo-schön-dass-du-da-bist.pdf [22.08.2019])

Bei „Hallo, hallo“ winken sich die Kinder zu, danach tippen sie abwechselnd mit Fersen und Zehen auf den Boden.
Sind die Liedzeilen gesungen, gehen sie im Uhrzeigersinn weiter zum nächsten oder übernächsten Kind (dies sagt die pädagogische Fachkraft jeweils an). Die Liedzeile kann beliebig oft wiederholt werden, beispielsweise, bis alle Kinder sich begrüßt haben.

(vgl. Lamp, Sumfleth, 2015, S. 58)

Häschen in der Grube

Alter der Mitspieler: ab 3 Jahren
Anzahl der Mitspieler: ab 8 Spielern
Spieldauer: ca. 10 Minuten

Die Kinder sitzen im Kreis oder Halbkreis. Gemeinsam wird das folgende Lied gesungen, während ein Kind in der Mitte in Hockstellung sitzt und sich schlafend stellt. Bei „Häschen hüpf" hüpft es zu einem anderen Kind im Kreis, das in der nächsten Runde das Häschen sein darf.

(Text: Friedrich Fröbel, Melodie: Karl Enslin)

Im Garten steht ein Blümelein

Alter der Mitspieler: ab 3 Jahren
Anzahl der Mitspieler: ab 8 Spielern
Spieldauer: ca. 10 Minuten

Die Kinder sitzen im Kreis oder Halbkreis. Während ein Kind in der Mitte mit ausgestreckten Armen steht und eine Blume darstellt, wird das folgende Lied gesungen:

(mündlich überliefert)

Zum Liedende winkt das Kind ein anderes Kind zu sich heran. Beide tanzen zusammen, während die restlichen Kinder klatschen und mit „trallalaala, la, la, la la …“ (Melodie der Strophe) musikalisch die Tänzer begleiten.

Schmetterling, du kleines Ding

Alter der Mitspieler: ab 3 Jahren
Anzahl der Mitspieler: ab 8 Spielern
Spieldauer: ca. 10 Minuten

Die Kinder bilden einen Kreis und gehen in Tanzrichtung. Gemeinsam wird das folgende Lied gesungen, während ein Kind in der Kreismitte wie ein Schmetterling entgegengesetzt fliegt. Bei den Worten „Such dir eine Tänzerin" wählt das Kind ein anderes Kind aus. Beide tanzen nun zusammen. Die restlichen Kinder klatschen und begleiten die tanzenden Kinder, indem sie den restlichen Text der Strophe singen. Das gewählte Kind ist nun der Schmetterling.

(Lamp/Sumfleth [Hrsg.], 2015, S. 102)

Dornröschen war ein schönes Kind

Alter der Mitspieler: ab 3 Jahren
Anzahl der Mitspieler: ab 8 Spielern
Spieldauer: ca. 10 Minuten

Die Kinder sitzen im Kreis. Jeweils ein Kind spielt das Dornröschen, die böse Fee, die gute Fee und den Königssohn. Dornröschen sitzt auf einem Stuhl im Kreis. Zu jeder Strophe werden die Tätigkeiten aufgeführt, die neben dem Text stehen.

(Volkslied)

TEXT	BEWEGUNGEN
Dornröschen war ein schönes Kind, schönes Kind, schönes Kind, Dornröschen war ein schönes Kind, schönes Kind.	
Dornröschen, nimm dich ja in Acht, ja in Acht, ja in Acht, Dornröschen, nimm dich ja in Acht, ja in Acht.	Alle Kinder im Kreis warnen mit erhobenem Zeigefinger.
Da kam die böse Fee herein, Fee herein, Fee herein, da kam die böse Fee herein, Fee herein.	Die Fee geht im Kreis um Dornröschen herum und bleibt am Ende hinter dem Stuhl stehen.
„Dornröschen, du sollst sterben, sterben, sterben, Dornröschen, du sollst sterben, sterben."	Sie bewegt die ausgestreckten Arme gekreuzt über Dornröschens Kopf.
Da kam die gute Fee herein, Fee herein, Fee herein, da kam die gute Fee herein, Fee herein.	Die Fee geht im Kreis um Dornröschen herum und bleibt am Ende hinter dem Stuhl stehen.
„Dornröschen, schlafe hundert Jahr, hundert Jahr, hundert Jahr, Dornröschen, schlafe hundert Jahr, hundert Jahr!"	Sie bewegt die ausgestreckten Arme über Dornröschens Kopf.
Da wuchs die Hecke riesengroß, riesengroß, riesengroß, da wuchs die Hecke riesengroß, riesengroß.	Alle Kinder stehen auf, fassen sich an den Händen und halten diese hoch.
Da kam ein junger Königssohn, Königssohn, Königssohn, da kam ein junger Königssohn, Königssohn.	Der Königssohn geht im Kreis um Dornröschen herum und bleibt am Ende hinter dem Stuhl stehen.
„Dornröschen, wache wieder auf, wieder auf, wieder auf, Dornröschen, wache wieder auf, wieder auf, wieder auf!"	Er bewegt die ausgestreckten Arme über Dornröschens Kopf.
Da feierten sie das Hochzeitsfest, Hochzeitsfest, Hochzeitsfest, da feierten sie das Hochzeitsfest, Hochzeitsfest.	Dornröschen und der Königssohn fassen sich an den Händen und tanzen im Kreis.

(vgl. Lamp/Sumfleth, 2015, S. 38 f.)

Ich bin die kleine Hexe

Alter der Mitspieler:
ab 3 Jahren

Anzahl der Mitspieler:
ab 8 Spielern

Spieldauer:
ca. 5 Minuten

(Lamp und Leute, Berlin)

Timpe, Tampe, Zaubermann

Alter der Mitspieler:
ab 3 Jahren

Anzahl der Mitspieler:
ab 8 Spielern

Spieldauer:
ca. 10 Minuten

Die Kinder sitzen im Kreis oder Halbkreis. Ein Kind teht in der Mitte, es ist der „Zaubermann“, der die anderen Kinder in alle möglichen Tiere verwandeln kann. Gemeinsam wird das folgende Lied gesungen, den Zauberspruch spricht dann das Kind in der Mitte alleine, und die anderen spielen das von ihm genannte Tier.

Zum Schluss sagt der Zaubermann: „Rum, pum, pum“, und alle Tiere sind wieder Kinder. Das Spiel kann dann einige Male mit weiteren Zauberern wiederholt werden.

Zauberspruch:

Hatschi kille kille knatschi bum,
bim bam basi rum pum pum.
Ich mach aus euch lauter Löwen
(Katzen, Hunde, Frösche, Schmetterlinge etc.) rum pum pum.

(mündlich überliefert)

Ein kleiner grauer Esel

Alter der Mitspieler: ab 3 Jahren
Anzahl der Mitspieler: ab 8 Spielern
Spieldauer: ca. 10 Minuten

Die Kinder bilden einen Kreis und gehen in Tanzrichtung. Gemeinsam wird das folgende Lied gesungen, während ein Kind in der Kreismitte den Esel spielt. Bei „… wackelt mit dem Hinterteil" macht „der Esel" die entsprechenden Bewegungen. Bei „I – a" bleibt er vor einem anderen Kind stehen, nickt mit dem Kopf und nimmt seinen gewählten Partner mit in die nächste Runde. Das Spiel wird so lange gespielt, bis alle Kinder als Esel durch den Raum wandern.

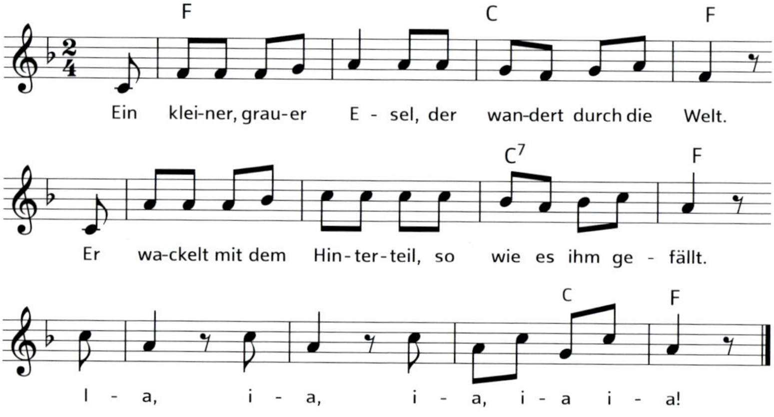

(Text und Komposition: Margret Birkenfeld, © 1982 Gerth Medien Musikverlag, Asslar)

Pitsch, patsch Pinguin

Alter der Mitspieler: ab 4 Jahren
Anzahl der Mitspieler: ab 8 Spielern
Spieldauer: ca. 10 Minuten

Die Kinder bilden einen Kreis.
Es werden folgende Rollen verteilt, welche die Kinder entsprechend ihrer Vorstellungen beim Singen des Liedes darstellen:
erster Pinguin, zweiter Pinguin, Eisbär.
Der Nordwind wird von allen Kindern gemeinsam durch Pusten dargestellt. Beim Refrain klatschen alle Kinder, die im Kreis stehen.

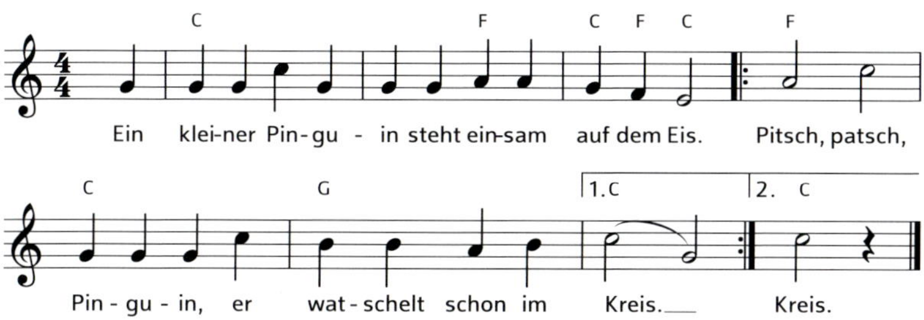

2. Und der Nordwind weht über's weite Meer,
   I: Pitsch, patsch, Pinguin, da friert er aber sehr! :I
3. Und er sucht sich einen anderen Pinguin.
   I: Pitsch, patsch, Pinguin, sie kitzeln sich am Kinn. :I
4. Horcht, wer brummt denn da, das muss der Eisbär sein.
   I: Pitsch, patsch, Pinguin, sie machen sich ganz klein. :I
5. Und der Eisbär tappt schon herein und schleckt.
   I: Pitsch, patsch, Pinguin, da laufen beide weg. :I

(Text: Frederik Vahle © Aktive Musik Verlagsgesellschaft mbH, Dortmund)

3

Zwei lange Schlangen

Alter der Mitspieler: ab 4 Jahren
Anzahl der Mitspieler: ab 8 Spielern
Spieldauer: ca. 10 Minuten

Das folgende Lied wird von der Erzieherin alleine oder auch mit den Kindern, die schon textsicher sind, gesungen.

Mit den Armen vor dem Körper wird Strophe für Strophe in folgender Weise spielerisch begleitet:

TEXT	BEWEGUNGEN
Eine kleine Schlange wird früh am Morgen wach, sie räkelt sich und streckt sich, sagt freundlich „Guten Tag“.	Die Arme des Erzählers befinden sich zunächst hinter dem Rücken, dann wird ein Arm vor den Körper gebracht, und es werden dem Strophentext entsprechende Bewegungen durchgeführt.
Refrain: **Ollalala. Ollalala, ksss, ksss, ksss.** **Ollalala Ollalala, ksss, ksss, ksss.**	Bei „Ollalala“ werden kreisende Bewegungen gemacht, bei „ksss, ksss, ksss“ werden Zeige- bis kleiner Finger dreimal auf den Daumen gepresst („Schlangenmaul“).

TEXT	BEWEGUNGEN
Eine and're Schlange kommt zufällig vorbei. Sie sieht die erste Schlange und ruft ganz einfach „Hei". *Refrain*	Der andere Arm des Erzählers wird vor den Körper gebracht, und dem Strophentext entsprechende Bewegungen werden durchgeführt.
Zwei lange Schlangen, die schau'n sich richtig an, und jede zeigt, wie schön sie ihren Kopf bewegen kann. *Refrain*	Die Hände werden zueinander geführt und kreisende Bewegungen ausgeführt.
Zwei lange Schlangen, die schleichen querfeldein, und beide beschließen, komm, lass uns Freunde sein. *Refrain*	Vor der Brust werden die beiden Arme überkreuzt.
Zwei lange Schlangen, die schwimmen durch den Fluss und geben sich am andern Ufer einen dicken Kuss. *Refrain*	Es werden Schwimmbewegungen mit beiden Armen ausgeführt und zum Schluss berühren sich die Fingerspitzen beider Hände und stellen so einen „Schlangen-kuss" dar.
Zwei lange Schlangen, die schmusen auch ganz gern, und wenn sie so verschlungen sind, dann darf man sie nicht stör'n. *Refrain*	Die Hände werden vor dem Körper verknotet.
Zwei lange Schlangen, die haben auch mal Streit. Sie beißen sich und kratzen sich, solang' bis eine schreit. *Refrain*	Die beiden „Klappmäuler" zwicken sich.
Zwei lange Schlangen, die schlängeln viel herum, und wenn sie müde sind, dann dreh'n sie sich zum Schlafen um. *Refrain*	Die Hände werden mit den Fingerspitzen zur Brust gedreht und dort „abgelegt", um das Schlafen zu imitieren.

(Text: Wolfgang Hering/Bernd Meyerholz, Melodie: Wolfgang Hering,

Aramsamsam

Alter der Mitspieler: ab 4 Jahren **Spieldauer:** ca. 10 Minuten
Anzahl der Mitspieler: ab 8 Spielern

Alle knien im Kreis, singen folgende Zeilen, die mit entsprechenden Bewegungen begleitet werden:

TEXT	BEWEGUNGEN
A-ram sam sam, a ram sam sam,	Mit beiden Händen auf die Oberschenkel schlagen.
oh, guli, guli, guli, guli ram sam sam.	Mit den Fäusten leicht vor den Brustkorb trommeln.
A-ram sam sam, a ram sam sam Oh, guli, guli, guli, guli ram sam sam	Bewegungen wiederholen.
A-ra-bi, a-ra-bi	Kopf und ausgestreckte Arme zum Boden senken.
oh, guli, guli, guli, guli ram sam sam.	Mit den Fäusten leicht vor den Brustkorb trommeln.
A-ra-bi, a-ra-bi Oh, guli, guli, guli, guli ram sam sam.	Bewegungen wiederholen.

Die Textzeilen und Bewegungen werden kontinuierlich wiederholt, nur das Sprech- bzw. Singtempo variiert von „ganz langsam“ bis „ganz schnell“.

(vgl. Lamp/Sumfleth, 4. Aufl., 2015, S. 14)

Honky Tonky

Alter der Mitspieler: ab 4 Jahren
Anzahl der Mitspieler: ab 8 Spielern
Spieldauer: ca. 10 Minuten

Alle stehen im Kreis, singen folgende Zeilen, die mit entsprechenden Bewegungen begleitet werden:

Erst kommt der **rechte Arm** hinein und dann wieder hinaus,
und dann wieder hinein,
und dann schütteln wir ihn aus.

Und dann kommt der Honky Tonky und dann drehen wir uns um
und machen alle bum!

Refrain:

Boogie, boogie, boogie hey,
boogie, boogie, boogie hey,
boogie, boogie, boogie hey,
boogie, boogie, boogie bum.

In den nächsten Strophen folgen nacheinander:
linker Arm, rechter Fuß, linker Fuß, Kopf, Bauch und Po.

Zum Schluss rufen alle zusammen ganz laut „Hey“,
und das Singspiel wird damit beendet.

(mündlich überliefert)

Was hör ich da von nebenan?

Alter der Mitspieler: ab 4 Jahren
Anzahl der Mitspieler: ab 8 Spielern
Spieldauer: ca. 10 Minuten

Alle stehen im Kreis und das folgende Lied wird von der pädagogischen Fachkraft alleine oder auch mit den Kindern, die schon textsicher sind, gesungen.

Strophe für Strophe wird das Spiellied mit entsprechenden Bewegungen begleitet:

TEXT	BEWEGUNGEN
Was hör ich da von nebenan, da ist was los.	Eine Hand ans Ohr halten.
Ich lauf schnell an den Zaun heran,	Im Stand Laufbewegungen machen.
doch der ist viel zu hoch.	Mit den Händen einen hohen Zaun andeuten.
Ich will einmal von unten seh'n – so, so, so. Ich will einmal von unten seh'n – so, so, so.	Auf allen Vieren versuchen, unter den Zaun zu blicken.
Ich kann nichts seh'n, ich kann nichts seh'n und drüben ist was los. Ich kann nichts seh'n, ich kann nichts seh'n und drüben ist was los.	Wütend stampfen.
Ich will einmal von oben seh'n – so, so, so. Ich will einmal von oben seh'n – so, so, so.	Zaun andeuten, recken und versuchen, darüber zu schauen.
Ich kann nichts seh'n, ich kann nichts seh'n und drüben ist was los. Ich kann nichts seh'n, ich kann nichts seh'n und drüben ist was los.	Wütend stampfen.
Ich will einmal durch's Astloch seh'n – so, so, so. Ich will einmal durch's Astloch seh'n – so, so, so.	Mit Zeigefinger und Daumen ein Astloch formen und durchschauen.
Jetzt kann ich seh'n, jetzt kann seh'n, doch jetzt ist nichts mehr los. Jetzt kann ich seh'n, jetzt kann seh'n, doch jetzt ist nichts mehr los.	Wütend stampfen.

(mündlich überliefert)

Katzentatzentanz

Alter der Mitspieler: ab 4 Jahren **Spieldauer: ca.** 10 Minuten
Anzahl der Mitspieler: ab 8 Spielern

(Text und Melodie: Frederik Vahle, © Aktive Musik Verlagsgesellschaft mbH, Dortmund)

Guck, die Katze tanzt allein, tanzt und tanzt auf einem Bein.
Kam der Igel zu der Katze: **„Bitte reich mir deine Tatze!"**

„Mit dem Igel tanz ich nicht, ist mir viel zu stachelig."
Kam der Hase zu der Katze: **„Bitte reich mir deine Tatze!"**

„Mit dem Hasen tanz ich nicht, ist mir viel zu zappelig."
Kam der Hamster zu der Katze: **„Bitte reich mir deine Tatze!"**
„Mit dem Hamster tanz ich nicht, ist mir viel zu pummelig."

Kam der Hofhund zu der Katze: **„Bitte reich mir deine Tatze!"**
„Mit dem Hofhund tanz ich nicht, denn der brüllt so fürchterlich."

Kam der Kater zu der Katze, reichte ihr ganz lieb die Tatze.
Streichelt sie und küsst sie sacht und schon hat sie mitgemacht.
und dann tanzen sie zu zwein über Stock und über Stein.
Jede Maus im Mauseloch ruft: „Ein Glück, sie tanzen noch!"

Es werden folgende Rollen verteilt: Katze, Igel, Hase, Hamster, Hofhund und Kater. Die Katze steht in der Kreismitte und tanzt, während die Kinder singen, was sie sehen und die Rolleninhaber, was sie sagen (**siehe Fettdruck**).

Hin und her im Kindergarten

Alter der Mitspieler: ab 3 Jahren
Anzahl der Mitspieler: ab 8 Spielern
Spieldauer: ca. 10 Minuten

(mündlich überliefert)

Ein Kind beginnt, während alle im Kreis sitzen, bei den oben stehenden gesungenen Liedzeilen in der Kreismitte hin- und herzugehen, bis es heißt „Du sollst mir folgen“. Bei diesen Zeilen bleibt das Kind vor einem anderen Kind seiner Wahl stehen, und sie klopfen sich gegenseitig auf die Schulter.
Dann gehen beide in der Kreismitte hin und her und suchen sich jeweils neue Kinder aus. Das Spiel ist beendet, wenn alle Kinder ausgewählt wurden.

3.2.3 Fingerspiele

Im Kindergartenalter werden einfache Fingerspiele vom Erwachsenen und den Kindern gemeinsam durchgeführt. Durch das Kennenlernen neuer Wörter, Ähnlichkeiten von Begriffen usw. erweitert das Kind spielerisch seinen Wortschatz. Zudem übt es sich in seiner Feinmotorik und Körperbeherrschung, indem es konzentriert Bewegung und Sprache in Einklang bringt.

Zehn kleine Zappelmänner

Alter der Mitspieler: ab 3 Jahren
Anzahl der Mitspieler: ein Erwachsener und ein (mehrere) Kind(er)
Spieldauer: ca. 3 Minuten

TEXT	BEWEGUNGEN
Zehn kleine Zappelmänner zappeln auf und nieder,	Die beiden Hände auf und ab bewegen, dabei mit den Fingern „zappeln“.
zehn kleine Zappelmänner tun das immer wieder.	
Zehn kleine Zappelmänner zappeln hin und her,	Die Hände nach rechts und links bewegen, dabei weiter mit den Fingern „zappeln“.
zehn kleinen Zappelmännern fällt das gar nicht schwer.	
Zehn kleine Zappelmänner zappeln immer ’rum,	Die Hände im Kreis bewegen, dabei weiter mit den Fingern „zappeln“.
zehn kleine Zappelmänner, die sind gar nicht dumm.	
Zehn kleine Zappelmänner zappeln ins Versteck, zehn kleine Zappelmänner sind auf einmal weg.	Die Hände hinter den Rücken nehmen.
Zehn kleine Zappelmänner rufen laut „Hurra!“	Die Hände werden wieder hervorgeholt, und es wird noch einmal „gezappelt“.
Zehn kleine Zappelmänner sind schon wieder da.	

(Arndt/Singer, 1980, S. 75)

Regen

Alter der Mitspieler: ab 3 Jahren
Anzahl der Mitspieler: ein Erwachsener und ein (mehrere) Kind(er)
Spieldauer: ca. 3 Minuten

Entsprechend der folgenden Verszeilen werden nacheinander, mit dem Daumen beginnend, alle fünf Finger gezeigt:

Der sagt: „Wenn's regnet, geh ich nicht aus.“
Der sagt: „Wenn's regnet, da bleib ich zu Haus.“
Der sagt: „Wenn's regnet, da werde ich nass.“
Der sagt: „Wenn's regnet, macht's mir keinen Spaß.“

TEXT	BEWEGUNGEN
Nur der Kleine hier, der wollte nicht warten und lief mit dem Schirm in den Kindergarten.	Mit der Handfläche der einen Hand wird der kleine Finger berührt und zu einer Seite hin bewegt.

Zottelsaum, der Apfeldieb

Alter der Mitspieler: ab 3 Jahren
Anzahl der Mitspieler: ein Erwachsener und ein (mehrere) Kind(er)
Spieldauer: ca. 3 Minuten

TEXT	BEWEGUNGEN
Da steht der große Apfelbaum da kommt der kleine Zottelsaum und möcht' sich einen Apfel klau' n.	Eine Hand wird aufgestellt, Zeigefinger und Mittelfinger der anderen Hand stellen den Zottelsaum dar.
Er klettert hoch von Ast zu Ast, hat jeden Apfel angefasst.	An der Hand hochklettern, alle Finger antippen.
Entsprechend der folgenden Verszeilen werden die einzelnen Finger, beim Daumen beginnend, berührt:	

TEXT	BEWEGUNGEN
Der Erste schmeckte sauer (brrr ...), der Zweite, der schmeckte faul (pfui ...), der dritte Apfel hatte einen Wurm (igitt ...), der Vierte eine Wespe (ssst ...).	
Der fünfte Apfel, der war klein, der schmeckte fein.	Man reibt sich den Bauch.
Da kam der große Pustewind,	Man pustet dreimal kräftig.
da wackelt der Apfelbaum, da zappelt der Zottelsaum	Die Hand wird hin und her bewegt.
und plumps, da fällt er runter.	Die Hand landet auf dem Schoß.

(mündlich überliefert)

Großmutters Brille

Alter der Mitspieler: ab 3 Jahren
Anzahl der Mitspieler: ein Erwachsener und ein (mehrere) Kind(er)
Spieldauer: ca. 3 Minuten

TEXT	BEWEGUNGEN
Großmutter konnte nicht sehen beim Lesen und beim Nähen,	Die Hände werden wie ein ausgebreitetes Buch vor die Augen gehalten, mit einer Hand werden Nähbewegungen nachgeahmt.
darum kauft sie sich in aller Stille eine gute Brille mit dicken Scheiben Glas und setzt sie sich auf die Nas'.	Eine Brille wird mit den Händen gebildet.
Nun kann sie wieder sehen beim Sticken und beim Nähen,	Freudig werden Nähbewegungen ausgeführt.
beim Schreiben	Schreibbewegungen werden ausgeführt.
und beim Lesen.	Mit den Händen wird ein Buch gebildet.
Da ist sie froh gewesen.	Es wird geklatscht.

(mündlich überliefert)

Vater Maus

Alter der Mitspieler: ab 3 Jahren
Anzahl der Mitspieler: ein Erwachsener und ein (mehrere) Kind(er)
Spieldauer: ca. 3 Minuten

TEXT	BEWEGUNGEN
Das ist Vater Maus. Er sieht wie alle Mäuse aus:	Der Daumen wird hochgehalten.
hat ein graues Fellchen, spitze Öhrchen, ein spitzes Schnäuzchen,	Es wird über eine Hand gestreichelt. Ohren werden gebildet. Mit den Händen wird ein Schnäuzchen angedeutet.
einen Schwanz – so lang	Mit beiden Händen wird die Länge des Schwanzes gezeigt.
Zähne zum Beißen	Es wird auf die Zähne gezeigt.
und große Füße zum Ausreißen.	Trippelbewegungen werden nachgeahmt.

Entsprechend werden der Zeigefinger (Mutter Maus), der Mittelfinger (Bruder Maus) und der Ringfinger (Schwester Maus) gezeigt.
Zum Schluss hält man den kleinen Finger hoch und der Text wird folgendermaßen leicht verändert:

TEXT	BEWEGUNGEN
Das ist Baby Maus, sieht nicht wie alle Mäuse aus:	Der kleine Finger wird hochgehalten.
hat ein graues Fellchen, kleine spitze Öhrchen, ein kleines Schnäuzchen,	Es wird über eine Hand gestreichelt. Ohren werden gebildet. Mit den Händen wird ein Schnäuzchen angedeutet.
einen Schwanz – so kurz,	Mit beiden Händen wird die Länge des Schwanzes gezeigt.
Zähnchen zum Beißen	Es wird auf die Zähne gezeigt.
und ganz kleine Füße zum Ausreißen.	Kleine Trippelbewegungen werden nachgeahmt.

(mündlich überliefert)

Himpelchen und Pimpelchen

Alter der Mitspieler: ab 3 Jahren
Anzahl der Mitspieler: ein Erwachsener und ein (mehrere) Kind(er)
Spieldauer: ca. 3 Minuten

TEXT	BEWEGUNGEN
Himpelchen und Pimpelchen	Aus beiden Fäusten lässt man die Daumen erscheinen.
stiegen auf einen hohen Berg.	Mit beiden Händen wird ein Berg gebildet.
Himpelchen war ein Heinzelmann	Ein Daumen wird hochgehalten.
und Pimpelchen war ein Zwerg.	Der andere Daumen wird hochgehalten.
Sie blieben dort oben recht lange sitzen und wackelten mit ihren Zipfelmützen.	Mit beiden Händen über dem Kopf werden wackelnde Zipfelmützen angedeutet.
Doch nach vielen, vielen Wochen sind sie in den Berg gekrochen.	Die Daumen werden in die Fäuste gezogen.
Dort schlafen sie in guter Ruh', seid einmal still und hört gut zu.	Geräusche des Schlafens werden nachgemacht.

(vgl. Arndt/Singer, 1980, S. 87)

Nun wird ein Kind bestimmt, das „Kikeriki" ruft, und alle singen die folgende Zeile und klatschen dazu.

(mündlich überliefert)

3

Max und Moritz

Alter der Mitspieler: ab 3 Jahren
Anzahl der Mitspieler: ein Erwachsener und ein (mehrere) Kind(er)
Spieldauer: ca. 3 Minuten

TEXT	BEWEGUNGEN
Max und Moritz gingen in den Laden,	Mit beiden Daumen Laufbewegungen machen.
wollten für 10 Cent eine Mettwurst haben.	Alle 10 Finger zeigen, dann mit beiden Händen eine lange Mettwurst andeuten.
So eine lange Mettwurst, die gibt es nicht.	Nochmals die Mettwurst andeuten und mit dem Kopf schütteln.
Max und Moritz streiten sich.	Beide Daumen gegeneinander tippen.
Da kommt der Onkel Fritz	Mit dem Zeigefinger der linken Hand Laufbewegungen andeuten.
und steckt sie in die Kist'.	Beide Hände umdrehen und die Finger in die Hand drücken.
Max und Moritz gar nicht dumm	Beide Daumen wieder hervorholen und damit wackeln.
werfen die Kiste einfach um.	Die zusammengedrückte Hand wieder öffnen.
Max und Moritz freuen sich.	Daumen hin und her, auf und ab bewegen und so Freude andeuten

(Kindergaudi, Gaudinauten UG, Konstanz: Max und Moritz, abgerufen unter: www.kindergaudi.de/kigacms/spiele/info.htm?&rid=2&cid=&tid=1516#XKeZOi_5yDc [22.08.2019])

Fünf kleine Fische

Alter der Mitspieler: ab 3 Jahren
Anzahl der Mitspieler: ein Erwachsener und ein (mehrere) Kind(er)
Spieldauer: ca. 3 Minuten

Dieses Fingespiel kann von der pädagogischen Fachkraft gesprochen oder auch entsprechend der folgenden Melodie gesungen werden.

(Bückart, Dietmar (Alojado Publishing, Bacolod City, Philippinen): Fünf kleine Fische, abgerufen unter: www.lieder-archiv.de/fuenf_kleine_fische-notenblatt_100508.html [22.08.2019])

<table>
<tr><th>TEXT</th><th>BEWEGUNGEN</th></tr>
<tr><td>Fünf kleine Fische, die schwammen im Meer.</td><td>Alle fünf Finger einer Hand werden gezeigt.</td></tr>
<tr><td>Da sprach die Mutter: „Ich warne euch sehr!</td><td>Mit Zeigefinger warnen.</td></tr>
<tr><td>Ich wär' viel lieber in 'nem kleinen Teich, denn im Meer gibt es Haie</td><td>Auf sich selbst zeigen. Wellenbewegungen mit den Armen machen,</td></tr>
<tr><td>und die fressen euch gleich."</td><td>mit einer Hand einen Finger umschließen.</td></tr>
<tr><td colspan="2">Alle halten sich beide Hände vor das Gesicht und sagen: „Ach du Schreck, ein Fisch ist weg!“</td></tr>
<tr><td>Vier kleine Fische, die schwammen im Meer.
Da sprach die Mutter: „Ich warne euch sehr!
Ich wär' viel lieber in 'nem kleinen Teich, denn im Meer gibt es Haie und die fressen euch gleich.“</td><td>Vier Finger werden gezeigt (weitere Bewegungen s. o.).</td></tr>
<tr><td colspan="2">Alle halten sich beide Hände vor das Gesicht und sagen: „Ach du Schreck, ein Fisch ist weg!“</td></tr>
<tr><td>Drei kleine Fische, die schwammen im Meer.
Da sprach die Mutter: „Ich warne euch sehr!
Ich wär' viel lieber in 'nem kleinen Teich, denn im Meer gibt es Haie und die fressen euch gleich.“</td><td>Drei Finger werden gezeigt (weitere Bewegungen s. o.).</td></tr>
<tr><td colspan="2">Alle halten sich beide Hände vor das Gesicht und sagen: „Ach du Schreck, ein Fisch ist weg!“</td></tr>
<tr><td>Zwei kleine Fische, die schwammen im Meer.
Da sprach die Mutter: „Ich warne euch sehr!
Ich wär' viel lieber in 'nem kleinen Teich, denn im Meer gibt es Haie und die fressen euch gleich."</td><td>Zwei Finger werden gezeigt (weitere Bewegungen s. o.).</td></tr>
<tr><td colspan="2">Alle halten sich beide Hände vor das Gesicht und sagen: „Ach du Schreck, ein Fisch ist weg!“</td></tr>
</table>

TEXT	BEWEGUNGEN
Ein kleiner Fisch, der schwamm im Meer. Da sprach die Mutter: „Ich warne dich sehr! Ich wär' viel lieber in 'nem kleinen Teich, denn im Meer gibt es Haie und die fressen dich gleich."	Einen Finger zeigen (weitere Bewegungen s. o.).
Alle halten sich beide Hände vor das Gesicht und sagen: „Ach du Schreck, ein Fisch ist weg!"	
Ein dicker Hai, der schwimmt im Meer.	Wellenbewegungen mit einer Hand, die sich öffnet und schließt, machen.
Er sagt zu sich: „Ich kann nicht mehr. Ich hab zu viele Fische in meinem Bauch. Ich könnte platzen!" ... und das tut er auch.	Auf sich selbst zeigen, beide Hände auf den Bauch legen. Hände schnell vom Bauch wegbewegen.

(Bückart, Dietmar (Alojado Publishing, Bacolod City, Philippinen): Fünf kleine Fische, abgerufen unter: www.lieder-archiv.de/fuenf_kleine_fische-notenblatt_100508.html [22.08.2019])

3.2.4 Spiele für alle Sinne (Kimspiele)

Kimspiele sind Spiele zur Sinneswahrnehmung in den Bereichen „Sehen", „Hören", „Tasten", „Fühlen", „Riechen" und „Schmecken". Sie verdanken ihren Namen der Hauptfigur eines Romans von Rudyard Kipling, in welchem ein Junge namens Kim die besondere Fähigkeit erwirbt, viele Gegenstände mit einem Blick zu erfassen und sie sich zu merken (vgl. Thiesen, 2. Aufl., 1994, S. 36).

Durch diese Spiele kann das Kind spielerisch seine Wahrnehmungsfähigkeit in den oben genannten Bereichen verbessern, indem es z. B.:

* Farben, Formen und Gegenstände wiedererkennt (Sehen),
* Töne und Geräusche differenziert (Hören),
* Materialstrukturen bewusst ertastet oder taktil wahrnimmt (Tasten und Fühlen),
* Geschmacks- und Geruchsunterschiede und -qualitäten wahrnimmt (Riechen und Schmecken).

Hinweise zur Durchführung von Kimspielen

* Bei Spielen zum Sehen ist auf gute Lichtverhältnisse zu achten.
* Wenn möglich, sollte bei allen Spielen zum Hören, Tasten, Fühlen, Riechen und Schmecken der Sehsinn ausgeschaltet werden (z. B. mithilfe einer Augenbinde), damit die Erfahrungsmöglichkeiten des angebotenen Reizes intensiver sind.
* Werden solche Spiele zum Hören durchgeführt, bei denen in einer Spielrunde verschiedene Geräuschnuancen erkannt werden müssen (z. B. bei den Geräuschdosen, s. u.), wird die jeweilige Geräuschquelle an beide Ohren gehalten, da es möglich ist, dass der Spieler auf beiden Ohren unterschiedlich gut hören kann.
* Um die Empfindsamkeit der Fingerspitzen bei Tastspielen zu erhöhen, werden die Hände vor dem Spiel im warmen Wasser gewaschen.
* Aufgrund unserer eingeschränkten Unterscheidungsfähigkeit beim Riechen, sollten bei Spielen zum Unterscheiden von Gerüchen nicht zu viele verschiedene Düfte auf einmal angeboten werden.

TIPP

Sinnesspiele sind in besonderer Weise auch für Kinder mit Behinderungen geeignet, denn der bewusste Einsatz gezielter Spiele zum Sehen, Hören, Tasten, Fühlen, Riechen und Schmecken hilft, Wahrnehmungsleistungen zu verfeinern.
Grundsätzlich können die meisten der hier aufgeführten Spiele sowohl mit Kindern mit und ohne Behinderungen gespielt werden. Probieren Sie es einfach aus!

Anmerkung: Die mit (LS) für „Lernschwierigkeiten“ gekennzeichneten Spiele sind in besonderer Weise für Kinder mit größeren Lernschwierigkeiten geeignet, da sie ausnahmslos auch in der 1:1-Betreuung eingesetzt werden können.

Ich sehe was, was Du nicht siehst
(Sinnesspiel zum Sehen)

Alter der Mitspieler: ab 5 Jahren
Anzahl der Mitspieler: ein Erwachsener und ein (mehrere) Kind(er)
Spieldauer: ca. 2 Minuten

Ein Kind oder ein Erwachsener wählt einen Gegenstand im Raum aus, der von den Mitspielern erraten werden muss. Mit den Worten „Ich sehe was, was du nicht siehst und das ist ...“ (Farbe des Gegenstandes nennen) wird zur Suche aufgefordert.

(mündlich überliefert)

Der geheime Dirigent
(Sinnesspiel zum Sehen)

Alter der Mitspieler: ab 5 Jahren
Anzahl der Mitspieler: ab 10 Spielern
Spieldauer: ca. 5 Minuten

Alle Kinder sitzen im Stuhlkreis.
Ein Kind verlässt den Gruppenraum, während ein Kind aus dem Kreis bestimmt wird, das mimisch wechselweise verschiedene Instrumente spielt (z. B. Trompete, Gitarre, Klavier). Die anderen Kinder müssen diesen „Dirigenten“ genau beobachten und sofort das jeweils dargestellte Instrument genauso spielen wie er.
Das Kind vor der Tür wird hineingebeten und muss herausfinden, wer derjenige ist, der hier den „Ton“ angibt. Hat es ihn erraten, geht ein anderes Kind hinaus.

(mündlich überliefert)

TIPP

Die Kinder sind darauf hinzuweisen, dass nicht alle direkt auf den „Dirigenten“ schauen, da dieser sonst zu schnell als solcher ausfindig gemacht werden kann.

Deckengeist
(Sinnesspiel zum Sehen)

Alter der Mitspieler: ab 4 Jahren
Anzahl der Mitspieler: ab 10 Spielern
Spieldauer: ca. 5 Minuten

Alle Kinder sitzen im Stuhlkreis. Ein Kind schaut sich alle Kinder genau an und verlässt den Gruppenraum. Währenddessen wird ein Kind aus dem Kreis ausgewählt und unter einer Decke versteckt. Alle anderen Kinder wechseln die Plätze, dann wird das Kind hereingerufen. Es muss erraten, wer sich unter der Decke befindet.

(mündlich überliefert)

Farbtäfelchenmemory zum Selbermachen (LS)
(Sinnesspiel zum Sehen)

Alter der Mitspieler: ab 3 Jahren
Anzahl der Mitspieler: ein Erwachsener und ein (mehrere) Kind(er)
Spieldauer: ca. 10 Minuten
Material: je nach geistiger Aufnahmefähigkeit 10–40 Farbtäfelchen (= 5–20 Paare)

Es werden wie bei jedem anderen Memory immer zwei Holz- oder Papptäfelchen der gleichen Farbe einander zugeordnet. Zu Beginn sollten eindeutig voneinander zu unterscheidende Farben gewählt werden (z. B. die Grundfarben) und die Kartenzahl so weit beschränkt werden, dass sich keiner der Mitspieler überfordert fühlt. Im weiteren Verlauf können dann immer mehr Farbtäfelchen hinzugenommen werden.

(vgl. Wilmes, 2017, S. 594)

Garnrollenspiel zum Selbermachen (LS)

(Sinnesspiel zum Sehen)

Alter der Mitspieler:
ab 4 Jahren

Anzahl der Mitspieler:
ein Erwachsener und ein (mehrere) Kind(er)

Spieldauer:
ca. 10 Minuten

Material:
10 Karten mit ein bis 10 verschiedenfarbigen Streifen,
55 Garnrollen mit 10 unterschiedlich farbigen Garnen umwickelt (Anzahl und Frabgebeung entsprechen den Streifen auf den 10 Karten

Entsprechend der Aufnahmefähigkeit des Kindes werden zwischen drei und zehn Karten nebeneinander ausgelegt. Das Kind versucht nun, das auf der Karte abgebildete Streifenmuster mit den farbigen Garnrollen nachzulegen.

„Was fehlt“ (LS)

(Sinnesspiel zum Sehen)

Alter der Mitspieler: ab 4 Jahren
Anzahl der Mitspieler: ein Erwachsener und ein (mehrere) Kind(er)
Spieldauer: ca. 5 Minuten
Material: 10 oder weniger Alltagsgegenstände aus der unmittelbaren Umgebung

Die Spielleiterin legt bis zu 10 Gegenstände aus, die sich alle Mitspieler einige Minuten anschauen. Dann bittet sie die Mitspieler, die Augen zu schließen. Sie nimmt einen Gegenstand weg, der dann erraten werden muss. Derjenige, der den Gegenstand benennt, darf den nächsten Gegenstand entfernen.

(vgl. Krenzer, 1983, S. 57)

„Was hat sie angezogen?“ (LS)

(Sinnesspiel zum Sehen)

Alter der Mitspieler: ab 4 Jahren
Anzahl der Mitspieler: ein Erwachsener und ein (mehrere) Kind(er)
Spieldauer: ca. 5 Minuten
Material: verschiedene Kleidungsstücke wie Mütze, Handschuhe, Schal

Die Spielleiterin fordert die Mitspieler auf, sie einige Minuten genau anzusehen. Dann schließen die Mitspieler die Augen. Die Spielleiterin zieht ein zusätzliches Kleidungsstück an. Alle dürfen die Augen wieder öffnen und raten, um welches Kleidungsstück es sich handelt.

(vgl. Krenzer, 1983, S. 58)

Hund und Knochen

(Sinnesspiel zum Hören)

Alter der Mitspieler: ab 4 Jahren
Anzahl der Mitspieler: ab 10 Spielern
Spieldauer: ca. 5 Minuten
Material: Schlüsselbund o. Ä., Augenbinde

Alle sitzen im Stuhlkreis. In der Mitte befindet sich ein Stuhl.
Auf diesen Stuhl setzt sich ein Kind, dem die Augen verbunden werden. Unter den Stuhl wird ein Schlüsselbund, ein Glöckchen o. Ä. gelegt. Dieser Gegenstand stellt den „Knochen“ dar.
Nun wird leise ein Kind bestimmt, das sich anschleichen muss, um dem „Hund“ den Knochen zu stehlen. Hört der „Hund“ etwas, zeigt er in die entsprechende Richtung und bellt. Hat er richtig gehört, nimmt er sofort die Augenbinde ab, und das Spiel beginnt mit einem anderen „Hund“ von vorn.
Konnte der Dieb unbemerkt zurück auf seinen Platz schleichen, halten alle Kinder die Hände hinter den Rücken und rufen: „Bello, Bello, dein Knochen ist weg!“ Der „Hund“ entfernt die Augenbinde, geht im Kreis umher und macht mit der Frage „Hast du meinen Knochen?“ den Dieb ausfindig.

(mündlich überliefert)

Hänschen piep einmal (Sinnesspiel zum Hören)

Alter der Mitspieler: ab 4 Jahren
Anzahl der Mitspieler: ab 10 Spielern
Spieldauer: ca. 5 Minuten
Material: Augenbinde

Alle Kinder sitzen im Stuhlkreis. Einem Kind werden die Augen verbunden. Die anderen Kinder wechseln die Plätze. Dann setzt sich das „blinde" Kind auf den Schoß eines Mitspielers, fordert ihn auf, zu piepen und versucht, ihn an seiner Stimme zu erkennen. Hat es richtig geraten, darf ein anderes Kind sein Glück versuchen.

(mündlich überliefert)

Geräuschdosenmemory zum Selbermachen (LS)

(Sinnesspiel zum Hören)

Alter der Mitspieler: ab 4 Jahren
Anzahl der Mitspieler:
ein Erwachsener mit einem Kind
Spieldauer: ca. 10 Minuten
Material: 6–12 Filmdöschen (ggf. kleine Plastikdöschen aus dem Montessori-Bedarf), Klebepunkte in zwei verschiedenen Farben, verschiedene Sorten Füllmaterial für die Filmdosen (z. B. Erbsen, Reis, Sand, Pfefferkörner)

Vorbereitung: Es werden jeweils zwei Filmdöschen mit gleichem Material befüllt. Auf die eine Serie der Döschen klebt man dann z. B. rote Punkte, auf die andere blaue. Zur Fehlerkontrolle erhalten die gleichen Paare außerdem auf der Standseite ein gleiches Zeichen (z. B. ein Kreuz, einen Kreis, ein Quadrat u. Ä.).

Spielbeschreibung: Die Filmdosen werden auf den Tisch gestellt. Die Spielleitung zeigt zunächst die Vorgehensweise:
Sie nimmt ein Filmdöschen mit einem roten Klebepunkt, hält es an das rechte, dann an das linke Ohr und schüttelt es hin und her. Dann probiert sie herauszufinden, welches Filmdöschen mit blauem Punkt das gleiche Geräusch erzeugt. Hat sie ein Paar gefunden, stellt sie es zur Seite und versucht, in gleicher Weise die weiteren Paare zu ermitteln. Zum Schluss kontrolliert sie durch Umdrehen der Filmdöschen, ob sie alles richtig gehört hat.
Dann fordert sie das Kind auf, dieses Spiel durchzuführen.

(vgl. Wilmes, 2015, S. 454)

„Was macht ihr da?“ (LS)
(Sinnesspiel zum Hören)

Alter der Mitspieler: ab 5 Jahren
Spieldauer: ca. 5 Minuten
Anzahl der Mitspieler: 2–6 Spieler
Material: Augenbinde

Der Spielleiter wählt ein Kind aus, das eine Augenbinde erhält. Nun produzieren alle anderen Mitspieler verschiedene Geräusche, indem sie z. B. husten, klatschen, ein Fenster öffnen usw. Das Kind mit der Augenbinde versucht zu erraten, um welche Geräusche es sich jeweils handelt.

(vgl. Krenzer, 1983, S. 62)

„Wer klopft denn da?“ (LS)
(Sinnesspiel zum Hören)

Alter der Mitspieler: ab 5 Jahren
Spieldauer: ca. 5 Minuten
Anzahl der Mitspieler: 4–8 Spieler
Material: Augenbinde

Es wird ein Kreis gebildet. Ein Spieler erhält eine Augenbinde und stellt oder setzt sich in die Mitte des Kreises. Die Spielleitung fordert ein Kind durch Handzeichen auf, zu dem Kind zu gehen. Es tippt auf die Schulter des Kindes und fragt: „Wer klopft denn da?“ Das Kind mit der Augenbinde muss nun versuchen, den „Klopfer“ an seiner Stimme zu erkennen.

(vgl. Krenzer, 1983, S. 65)

„Was liegt auf der Hand?“ (LS)
(Sinnesspiel zum Fühlen)

Alter der Mitspieler: ab 4 Jahren
Anzahl der Mitspieler: ein Erwachsener und ein (mehrere) Kind(er)
Spieldauer: ca. 5 Minuten
Material: verschiedene Alltagsgegenstände wie Wachsmalstift, Legostein, Kinderschere, Tesafilmrolle, Augenbinde

Einem Kind werden die Augen verbunden. Der Erwachsene oder ein anderes Kind legt nach und nach verschiedene Gegenstände auf die geöffnete Hand des Kindes. Es versucht, ohne die andere Hand zu Hilfe zu nehmen, herauszufinden, um welchen Gegenstand es sich jeweils handelt.

(vgl. Thiesen, 2. Aufl., 1994, S. 50)

„Juckt es da vielleicht?“ (LS)
(Sinnesspiel zum Fühlen)

Alter der Mitspieler: ab 4 Jahren
Anzahl der Mitspieler: ein Erwachsener und ein (mehrere) Kind(er)
Spieldauer: ca. 5 Minuten
Material: Kugelschreiber, Augenbinde

Einem Kind werden die Augen verbunden und es entblößt seinen Unterarm. Der Erwachsene oder ein anderes Kind tippt mit dem Kugelschreiber dessen Arm an und kennzeichnet leicht diese Stelle. Das „blinde“ Kind versucht, die gleiche Stelle zu ertasten.

(vgl. Thiesen, 2. Aufl., 1994, S. 51)

Tastmemory zum Selbermachen (LS)
(Sinnesspiel zum Tasten)

Alter der Mitspieler: ab 4 Jahren
Anzahl der Mitspieler: ein Erwachsener und ein (mehrere) Kind(er)
Spieldauer: ca. 10 Minuten
Material: 6–12 Holzstöckchen (= 3–6 Paare), beklebt mit 3–6 verschiedenen Materialien (z. B. Jute, glatter Stoff, Schmirgelpapier, Teddyfutter), Augenbinde

Die drei bis sechs Paare (z. B. beklebte Rundhölzer aus einem zersägten Besenstiel) befinden sich in einem Stoffsäckchen.
Mit verbundenen Augen versucht das Kind, durch Ertasten die zwei zusammengehörenden Holzstückchen zu finden.

(vgl. Wilmes, 2015, S. 454)

Tastdomino zum Selbermachen (LS)
(Sinnesspiel zum Tasten)

Alter der Mitspieler: ab 4 Jahren
Anzahl der Mitspieler: ein Erwachsener und ein (mehrere) Kind(er)
Spieldauer: ca. 10 Minuten
Material: 6–12 „Dominosäckchen Materialien (z. B. Lego, Legotrapezsteinchen, Legosteine)

Vorbereitung: Es werden sechs bis zwölf Stoffsäckchen in der Größe 14 x 7 cm genäht. Alle sechs (bzw. 12) Säckchen haben eine Mittelnaht, an den schmalen Kanten wird zunächst jeweils noch eine Öffnung zum Befüllen gelassen.
Von beiden Seiten werden die Säckchen dann mit unterschiedlichem Material befüllt (z. B. Murmeln, Legetrapezsteinchen, Legosteine ...), dann vollständig zugenäht.
Hälften, die mit gleichem Material befüllt wurden, erhalten zur späteren Fehlerkontrolle auf der Rückseite ein identisches Zeichen.

Spielbeschreibung: Ein Säckchen wird in die Mitte gelegt. Dann wird der Inhalt der beiden Enden befühlt und versucht, durch weiteres Ertasten passende Säckchen zu finden, die angelegt werden können. Sind alle Säckchen ausgelegt, kann mithilfe der Zeichen auf der Rückseite überprüft werden, ob alles richtig erfühlt wurde.

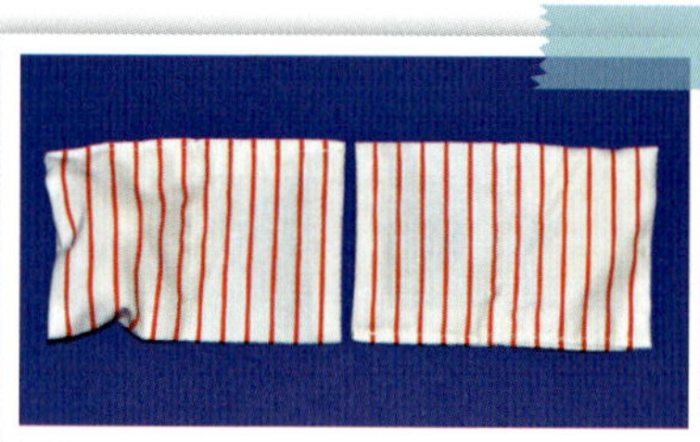

Vorderseite der Stoffsäckchen

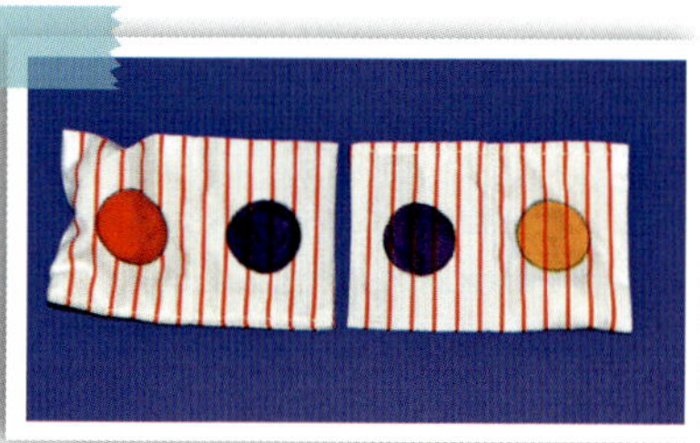

Rückseite der Stoffsäckchen – die Punkte wurden vor dem Befüllen mit Stoffmalfarbe aufgemalt und dienen der selbstständigen Fehlerkontrolle. (Achtung: Schieben Sie beim Bemalen einen Pappstreifen zwischen die beiden Stoffhälften, damit die Vorderseite frei von Farbe bleibt!)

(vgl. Wilmes, 2015, S. 454)

„Was ist in meinem Koffer?“ LS

(Sinnesspiel zum Tasten)

Alter der Mitspieler: ab 4 Jahren
Anzahl der Mitspieler: 2–6 Spieler
Spieldauer: ca. 5 Minuten
Material: 6–12 Koffer mit verschiedenen Gegenständen, die sich deutlich voneinander unterscheiden (z. B. Hose, Bürste, Seife, Handtuch, Schuh, Handschuh), Augenbinden für alle Spieler

Die Spielleitung stellt einen Koffer, gefüllt mit verschiedenen Gegenständen, in die Mitte. Die Spieler werden aufgefordert, mit verbundenen Augen einzelne Gegenstände herauszunehmen und durch Tasten zu erraten, um was es sich jeweils handelt.
Zu Beginn sollten nur wenige, den Kindern bekannte Gegenstände verwendet werden, um niemanden zu überfordern. Nach und nach können dann jedoch auch schwierigere Dinge hinzugenommen werden.

(vgl. Krenzer, 1983, S. 60)

„Wonach riecht das denn?“ (Sinnesspiel zum Riechen)

Alter der Mitspieler: ab 5 Jahren
Anzahl der Mitspieler: ein Erwachsener und ein (mehrere) Kind(er)
Spieldauer: ca. 5 Minuten
Material: einige Schälchen mit verschiedenen stark riechenden Stoffen

Einem Kind werden die Augen verbunden. Der Erwachsene oder ein anderes Kind hält die Schälchen mit diesen Stoffen nacheinander unter die Nase des „blinden“ Kindes. Es versucht zu erraten, um welche Stoffe es sich jeweils handelt.

(vgl. Thiesen, 1994, 2. Aufl., S. 51)

MERKE

Es werden keine reizenden Stoffe wie Pfeffer oder scharfes Paprikagewürz verwendet.

„Welche Frucht ist das?“ LS
(Sinnesspiel zum Riechen und Schmecken)

Alter der Mitspieler: ab 4 Jahren
Anzahl der Mitspieler: 2–6 Spieler
Spieldauer: ca. 5 Minuten
Material: verschiedene Fruchtstückchen (z. B. Birne, Apfel, Pflaume, Nektarine), Augenbinde

Die Spielleitung verbindet einem Kind die Augen und hält ihm zunächst ein Fruchtstückchen unter die Nase. Es versucht zunächst durch langes Einatmen zu erriechen, um welche Frucht es sich handelt. Kann es die Frucht nicht zuordnen, probiert es diese. Es nimmt die Augenbinde ab und bestimmt den nächsten Spieler.

(vgl. Krenzer, 1983, S. 67)

Riechflaschenmemory zum Selbermachen (LS)

(Sinnesspiel zum Riechen)

Alter der Mitspieler: ab 4 Jahren
Anzahl der Mitspieler: ein Erwachsener mit einem Kind
Spieldauer: ca. 10 Minuten
Material: sechs bis 12 Filmdöschen (ggf. kleine Plastikdöschen aus dem Montessori-Bedarf), die stark riechende Stoffe enthalten (z. B. Zimt, Kaffee, Kakao, Tee, Nelken, Anis), Klebepunkten in zwei verschiedenen Farben

Vorbereitung: Es werden jeweils zwei Filmdöschen mit gleichem Gewürz o. Ä. befüllt. Auf die eine Serie der Döschen klebt man dann z. B. rote Punkte, auf die andere blaue. Zur Fehlerkontrolle erhalten die gleichen Paare außerdem auf der Standfläche ein gleiches Zeichen (z. B. ein Kreuz, einen Kreis, ein Quadrat u. Ä.).

Spielbeschreibung: Die Filmdosen werden auf den Tisch gestellt. Die Spielleitung öffnet eine Dose und zeigt zunächst, wie man durch langes Einatmen daran riecht. Sie stellt die Dosen einer Serie auf die eine Seite, die Dosen der anderen Serie auf die andere Seite des Tisches. Anschließend öffnet sie alle Dosen und verbindet dem Kind die Augen. Das Kind erhält eine Dose der roten Serie. Dann gibt die Spielleitung ihm nach und nach ein Döschen der anderen Serie in die Hand, und das Kind vergleicht die beiden Gerüche. Glaubt es, ein Paar gefunden zu haben, meldet es dieses an. Die Spielleitung stellt dann das Paar an die Seite und verschließt die Dosen wieder.
Hat das Kind die Augenbinde abgenommen, wird überprüft, ob es die richtige Zuordnung getroffen hat.

(vgl. von Oy, 1993, S. 109)

3.2.5 Reaktionsspiele

Gerade in unserem digitalen Zeitalter sind wir einer kontinuierlichen Reizüberflutung ausgesetzt, was bei vielen Kindern zur Folge haben kann, dass sich ihr Reaktions- und Konzentrationsvermögen nicht genügend entwickeln kann. Daher brauchen Kinder Anreize, auf die sie sich konzentrieren wollen und zügig reagieren müssen. Reaktionsspiele bieten diesen Anreiz. Sie stärken Konzentrations- und Reaktionsfähigkeit, geistige und körperliche Beweglichkeit und bieten somit ein gutes Gegengewicht zu den vielen kaum zu verarbeitenden Reizen, die ständig auf viele Kinder einströmen. *(vgl. Thiesen, 5. Aufl., 2004, S. 92)*

Zipp Zapp

Alter der Mitspieler: ab 5 Jahren **Spieldauer:** ca. 5 Minuten
Anzahl der Mitspieler: 10–20 Spieler
Material: evtl. Bänder für die Kennzeichnung des rechten Arms

Alle Kinder sitzen im Kreis. Ein Kind geht herum und fragt die Mitspielenden nach den Namen der Nachbarn. Fragt es „ZIPP“, muss der Angesprochene den Namen seines rechten Nachbarn sagen, bei „ZAPP“ den Namen seines linken Nachbarn.
Bei „ZIPP ZAPP“ wechseln alle die Plätze. Wer keinen Platz erwischt hat, geht nun in die Mitte. Sagt ein Mitspieler einen falschen Namen, muss er in den Kreis und weiterfragen.

(mündlich überliefert)

Hatschi Bratschi

Alter der Mitspieler: ab 4 Jahren **Spieldauer:** ca. 5 Minuten
Anzahl der Mitspieler: 10–20 Spieler

Alle Kinder sitzen im Kreis. Es ist ein Stuhl weniger vorhanden als Mitspieler. Nun wird ein Kind ausgewählt, das den Raum verlässt. Anschließend wird jemand aus dem Kreis zum „Hatschi, Bratschi“ernannt.
Das Kind von draußen betritt den Raum und fragt die Kinder der Reihe nach: „Wie heißt du?“ Alle sagen ihren Namen. Sobald es den „Hatschi Bratschi“ gefunden hat, wechseln alle ganz schnell ihre Plätze. Wer keinen Stuhl erwischt, verlässt nun den Raum und das Spiel beginnt von vorne.

(mündlich überliefert)

3

Obstsalat

Alter der Mitspieler: ab 4 Jahren
Anzahl der Mitspieler: 10–20 Spieler
Spieldauer: ca. 5 Minuten
Material: Kärtchen zum Umhängen mit zwei bis vier verschiedenen aufgemalten Obstsorten (z. B. Kirsche, Banane, Apfel, Birne, siehe Vorlage 2)

www.

Alle Kinder sitzen im Kreis und haben Kärtchen mit den aufgemalten Obstsorten umhängen. Es sollte pro Obstsorte immer mindestens zwei Spieler geben. Ein Spieler, der keinen Stuhl hat, steht in der Mitte. Der Spieler in der Mitte nennt nun zwei Obstsorten, die miteinander die Plätze tauschen. Während des Tausches versucht er dann wie die Genannten auch, einen Platz zu erwischen. Wer übrig bleibt, ist der nächste Spieler in der Mitte. Wird „Obstsalat" gerufen, müssen alle miteinander die Plätze tauschen.

(mündlich überliefert)

Achtung – welches Tier kommt jetzt?

Alter der Mitspieler: ab 4 Jahren
Anzahl der Mitspieler: 10–20 Spieler
Spieldauer: ca. 5 Minuten
Material: ein etwas längerer Holzstab o. Ä.

Alle Kinder sitzen im Kreis und suchen sich einen Tiernamen aus (Doppelungen sollten nicht vorkommen). Ein Kind steht in der Mitte und hält den Stab senkrecht etwas über den Boden. Dann nennt es laut einen Tiernamen und lässt den Stab los. Das angesprochene Kind versucht, den Stab schnell zu erwischen, bevor er zu Boden fällt. Gelingt es ihm, geht es als Nächster in die Kreismitte. Schafft es das nicht, bleibt das andere Kind noch eine Runde in der Kreismitte.

(KITATURNEN. Turnen im Kindergarten, eniky GmbH, Berlin: Achtung, aufgepasst! Reaktionsspiel, abgerufen unter: www.kita-turnen.de/reaktionsspiel-achtung-aufgepasst/ [22.08.2019], verändert)

Die Reise nach Jerusalem

Alter der Mitspieler: ab 4 Jahren
Anzahl der Mitspieler: 10–20 Spieler
Spieldauer: ca. 5 Minuten

Es wird die Hälfte der Stühle nebeneinander in einer Reihe aufgestellt, die zweite Hälfte mit der Stuhllehne dagegen. Es ist ein Stuhl weniger vorhanden als Mitspieler. Alle stellen sich um die Stühle herum. Dann wird Musik abgespielt und die Kinder gehen um die Stühle herum. Stoppt die Musik, versucht jedes Kind, so schnell wie möglich einen Sitzplatz zu erwischen. Dasjenige, das keinen bekommt, scheidet aus. Dann wird ein Stuhl am Reihenende weggestellt und die Reise beginnt von vorn. Wer zum Schluss übrig bleibt, ist Sieger.

(vgl. Thiesen, 5. Aufl., 2004, S. 97)

3.2.6 Bewegungsspiele

Kinder im Vorschulalter haben ein ausgeprägtes Bedürfnis nach regelmäßiger Bewegung. Die Einschränkung der Bewegungsmöglichkeiten durch beengte Wohnverhältnisse usw. verhindert, dass Kinder ihren Bewegungsdrang ungehindert ausleben können. Bewegungsspiele kommen diesem stark ausgeprägten Bewegungsdrang der Kinder entgegen. Sie tragen viel zur körperlichen und geistigen Lockerung bei, durch sie fördert das Kind seine Körperbeherrschung und seine motorischen Fähigkeiten.
Da es sich bei vielen dieser Spiele um Regelspiele handelt, die in einer Gruppe durchgeführt werden, wird bei den Bewegungsspielen für dieses Alter auch das soziale Miteinander indirekt auf spielerische Weise eingeübt.

Fischer, Fischer, wie tief ist das Wasser?

Alter der Mitspieler: ab 4 Jahren
Anzahl der Mitspieler: ab 8 Spielern
Spieldauer: ca. 5 Minuten

Ein Kind wird zum Fischer ernannt (z. B. durch Auszählen). Es stellt sich auf die eine Seite der Turnhalle oder des Platzes, die anderen Kinder stehen auf der gegenüberliegenden Seite.
Jetzt ruft die Gruppe: „Fischer, Fischer wie tief ist das Wasser?"

Der Fischer antwortet z. B.: „100 Meter tief."
Die Gruppe fragt: „Wie kommt man da hinüber?"
Der Fischer nennt eine Gangart, z. B.: „Auf allen vieren."
Die Kinder laufen dann in der vorgeschriebenen Gangart los, um auf die andere Seite zu gelangen, und der Fischer versucht, so viele wie möglich abzuschlagen. Die gefangenen Kinder werden ebenfalls zu Fischern. Das Spiel dauert so lange, bis nur noch ein Kind übrig ist, das in der nächsten Runde der Fischer sein darf.

(mündlich überliefert)

Tausendfüßler

Alter der Mitspieler: ab 5 Jahren
Anzahl der Mitspieler: ab 4 Spielern
Spieldauer: ca. 5 Minuten

Es werden zwei gleich starke Riegen gebildet. Die Kinder gehen auf allen vieren und umfassen dabei die Fußgelenke des Vordermannes. Der „Tausendfüßler", der zuerst ein markiertes Ziel erreicht, hat gewonnen.

(vgl. Thiesen, 1990, S. 153)

Feuer, Wasser, Erde

Alter der Mitspieler: ab 4 Jahren
Anzahl der Mitspieler: ab 10 Spielern
Spieldauer: ca. 5 Minuten

Alle Kinder laufen nach dem Schlag des Tambourins o. Ä. durch die Halle oder den großen Raum. Die Spielleiterin, die das Tambourin schlägt, ruft ihnen zwischendurch einige Begriffe zu und schlägt dabei einmal ganz kräftig auf das Tambourin. Ruft sie „Feuer", müssen alle Spieler ganz schnell in eine der vier Raumecken laufen, ruft sie „Wasser", müssen die Teilnehmer auf eine Bank, einen Stuhl o. Ä. steigen, ruft sie „Erde!", müssen sich alle schnell flach auf den Boden legen. In der jeweiligen Haltung verharren sie so lange, bis die Spielleiterin wieder beginnt, das Tambourin zu schlagen. Derjenige, der als letzter in der Runde die Anweisung befolgt, scheidet aus.

(mündlich überliefert)

Tauziehen

Alter der Mitspieler: ab 4 Jahren
Anzahl der Mitspieler: ab 10 Spielern
Spieldauer: ca. 5 Minuten
Material: ein dickes Seil

Das Seil wird der Länge nach auf den Boden gelegt und die Mitte markiert. Zwei gleich starke Gruppen nehmen das Seil in die Hand und beginnen, auf Kommando des Spielleiters, an dem Seil zu ziehen. Die Gruppe, die zuerst die andere Gruppe über die Mitte hinausgezogen hat, hat gewonnen.

(mündlich überliefert)

Katz und Maus

Alter der Mitspieler:
ab 5 Jahren

Anzahl der Mitspieler:
ab 15 Spielern

Spieldauer:
ca. 5 Minuten

Alle Spieler bilden einen geschlossenen Kreis.
Ein Spieler ist die Katze, ein anderer die Maus.
Die Maus steht in der Mitte des Kreises, die Katze geht
um den Kreis herum und fragt einen Spieler nach dem anderen:
„Was macht die Maus?“
Der Spieler antwortet z. B.: „Sie putzt sich die Zähne, liest, kämmt sich die Haare ...“, und die Maus ahmt die genannten Bewegungen nach. Antwortet ein Spieler: „Sie läuft aus dem Haus!“, läuft die Maus aus der Kreismitte heraus, und die „Katze“ läuft so lange hinter der Maus her, bis sie diese gefangen hat. Das Spiel kann nun von vorn beginnen.

(mündlich überliefert)

3

3.2.7 Einfache Maltechniken

Durch Malen mit den Fingern und den Umgang mit Pinseln oder anderen Malgeräten und verschiedenen Arten von Farben fördert das Kind seine Fingerfertigkeit. Es lernt, Farben transparent und deckend aufzutragen und zu mischen. Außerdem erkennt es, welche reizvollen Effekte bei der Verwendung kinderleichter Techniken entstehen können. In diesem Kapitel wird eine kleine Auswahl einfacher Maltechniken vorgestellt, die das Kind im Kindergartenalter gut selbstständig ausführen kann.

Finger-, Fuß- und Handabdruck

Alter des Kindes: ab ca. 2 Jahren
Material: Zeichenblock, Fingerfarbe, schwarzer Filzstift

Das Kind kann einzelne Finger oder auch Hand und Fuß mit Fingerfarbe anmalen und auf ein einfarbiges Papier drucken. Nach dem Trocknen können die Abdrücke noch verziert werden, indem z. B. mit schwarzem Filzstift ein Gesicht aufgezeichnet wird, aus mehreren Fingerabdrücken hintereinander eine Raupe entsteht usw. Der Fantasie sind hierbei keine Grenzen gesetzt.

(Wilmes, 2008, S. 49)

Blätterbild oder -druck

Alter des Kindes: ab 4 Jahren
Material: gepresste Blätter, Malpapier, Klebstoff

Mit dem Kind werden im Herbst heruntergefallene Blätter gesammelt und einige Tage in einem schweren Buch gepresst. Aus den Blättern können dann Bilder auf verschiedene Art gestaltet werden:

* Die Blätter werden zu einem Motiv zusammengestellt und aufgeklebt.
* Einzelne Blätter werden mit Farbe bemalt und auf ein Papier gedrückt.
* Ein Blatt wird unter ein Papier gelegt, auf dem dann kräftig mit Wachsmalstiften gemalt wird (Durchreibetechnik).

(Wilmes, 2008, S. 49)

Pustetechnik

Alter des Kindes: ab 4 Jahren
Material: Wasserfarbe, Pinsel, Malpapier

Mit einem Pinsel, der in reichlich Wasser und Wasserfarbe getaucht wurde, werden nacheinander Kleckse von unterschiedlicher Größe auf ein Papier gekleckst. Mit einem breiten Strohhalm (ohne Knick!) werden diese angepustet, sodass die Farbe gut verläuft.

(Wilmes, 2008, S. 50)

TIPP

Damit Verästelungen in alle Richtungen entstehen können, empfiehlt es sich, im Stehen zu arbeiten.

Klatschbild

Alter des Kindes: ab 4 Jahren
Material: deckende Farbe (z. B. Fingerfarbe), Pinsel, Malpapier, Gummiwalze o. Ä.

Ein weißes Blatt (z. B. in der Größe DIN A4) wird in der Mitte gefaltet. Man trägt gut deckende Farbe in verschiedenen Farben auf die eine Hälfte auf, faltet das Blatt und rollt mit einer Gummiwalze o. Ä. darüber. Nach dem Auseinanderziehen entstehen fantasievolle Formen in unterschiedlichen Mischungen.

(Wilmes, 2008, S. 50)

Wachsbilder

Alter des Kindes: ab 4 Jahren
Material: Wachsmalstifte, Malpapier, Bügeleisen

Gestaltungsmöglichkeit 1: Mit Wachsmalkreide wird möglichst dick auf ein weißes Blatt gemalt. Ein zweites Blatt wird darübergelegt und mit einem Bügeleisen wird auf niedriger Stufe einige Male über dieses Blatt gestrichen. So schmilzt die Farbe und es entstehen zwei fantasievolle Gemälde.

TIPP

Es bietet sich auch an, die Wachsmalkreide auf einen Pergamentpapierbogen aufzutragen und zu verfahren, wie oben beim Klatschbild beschrieben. So entstehen beispielsweise Zwischenteile für einfache Laternen oder Tischlaternen.

Gestaltungsmöglichkeit 2: Mit einer brennenden roten Kerze werden einige Wachstropfen auf ein grünes Blatt getropft. Nach dem Trocknen der Tropfen können diese mithilfe eines schwarzen Filzstiftes zu kleinen Marienkäfern gestaltet werden.

MERKE

Die Tropfen dürfen nur gemeinsam mit einem Erwachsenen aufgetragen werden!

Gestaltungsmöglichkeit 3: Verschiedene Motive werden mit Wachsmalkreide auf ein weißes Blatt gemalt. Mit Wasserfarbe wird leicht über das fertige Bild gemalt.

(Wilmes, 2008, S. 51)

TIPP

Zum Auftragen der Wasserfarbe eignet sich auch gut ein Schwamm.

3.2.8 Faltspiele

Aus einem einfachen Quadrat lassen sich mithilfe weniger Kniffe Tiere, Spielsachen, Raumdekorationen usw. falten. Das Kind sieht, wie viele Gestaltungsmöglichkeiten ein quadratisches Papier bietet, zudem übt es sich in Genauigkeit und fördert seine Fingerfertigkeit.

Folgende kindgemäße Begriffe haben sich in der Praxis bewährt, um Kindern zu erläutern, wie ihr Faltspiel vom ersten Kniff bis zur Fertigstellung schrittweise gearbeitet wird:

- **Buch:**
  Man faltet einen waagerechten Mittelbruch.

- **Kopftuch:**
  Man faltet einen diagonalen Mittelbruch.

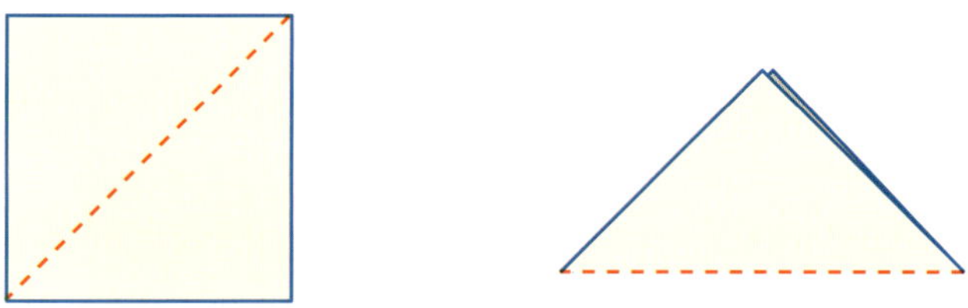

- **Schrank:**
  Man faltet einen senkrechten Mittelbruch, öffnet die Arbeit wieder und faltet dann den linken und rechten Rand bis zum Mittelbruch.

* **Briefumschlag:**
Man faltet einen waagerechten Mittelbruch, öffnet die Arbeit und faltet dann einen senkrechten Mittelbruch und öffnet die Arbeit. Dann werden alle vier Ecken zur Mitte umgeknickt.

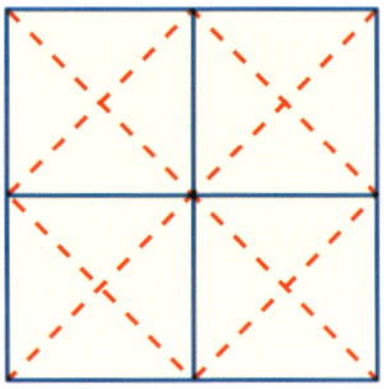

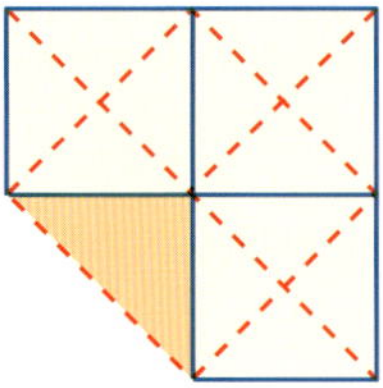

* **Schokolade:**
Es werden zwei Schränke gefaltet, einmal in waagerechter und einmal in senkrechter Richtung.

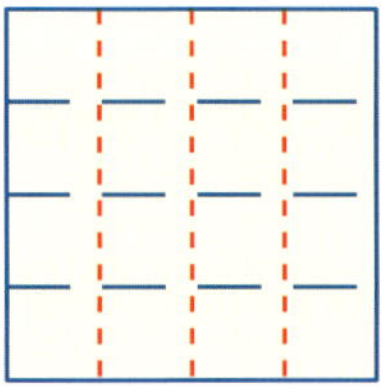

(Wilmes, 2008, S. 52)

Fangbecher

Alter des Kindes: ab 4 Jahren
Material: Faltpapier, Wollfaden, Perlen

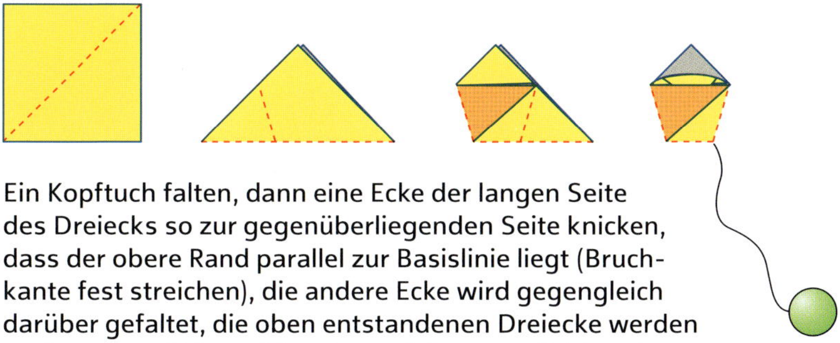

Ein Kopftuch falten, dann eine Ecke der langen Seite des Dreiecks so zur gegenüberliegenden Seite knicken, dass der obere Rand parallel zur Basislinie liegt (Bruchkante fest streichen), die andere Ecke wird gegengleich darüber gefaltet, die oben entstandenen Dreiecke werden nach vorn und hinten hinunter gefaltet, zum Schluss knotet man einen Wollfaden mit einer Perle an den oberen Rand des Bechers.

Nun kann das Fangspiel beginnen!

(vgl. Stöcklin-Meier,8. Aufl., 2007, S. 21)

Portemonnaie

Alter des Kindes: ab 5 Jahren
Material: Papier im DIN-A4-Format

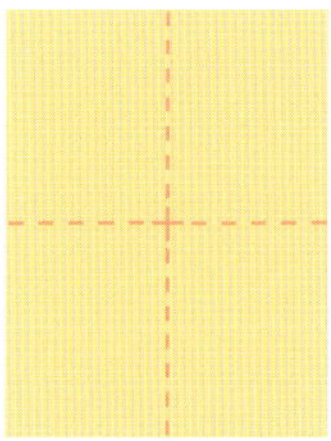

1 Ein Kreuz falten,

2 danach an oberer und unterer Schmalseite eine Hausdachform falten,

3 beide Spitzen so umknicken, dass die Spitze des jeweiligen Hausdachs an den unteren Rand des Hausdachs trifft,

4 beide Teile werden dann zur Mitte gefaltet,

5 Arbeit wenden und beide Schmalseiten zur Mitte falten,

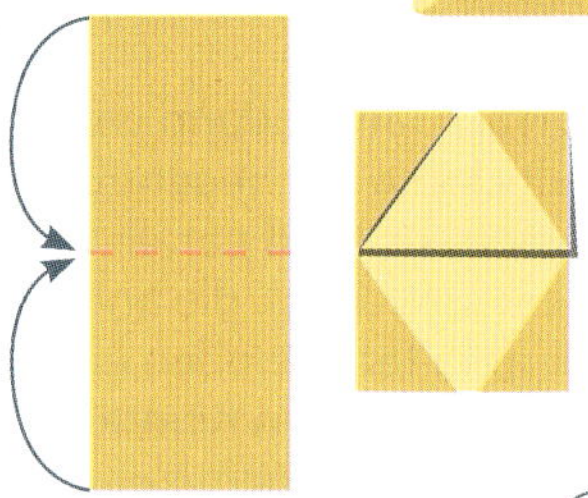

6 Arbeit wieder wenden, nun liegen jedoch die Längsseiten an der Tischkante,

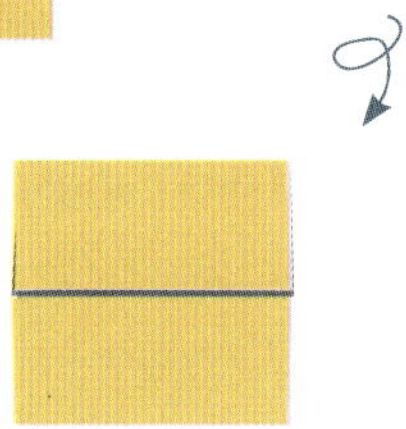

7 nach hinten zusammenklappen und aus einem der nun entstandenen Fächer ein Dreieck ziehen.

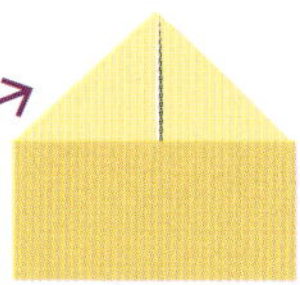

TIPP

Damit das Portemonnaie gefüllt werden kann, bietet es sich an, mithilfe der Durchreibtechnik Papiergeld herzustellen. Dazu werden verschiedene Münzen unter einen Papierbogen gelegt, mit Daumen und Zeigefinger festgehalten und mit einem Bleistift wird fest darübergerieben.

(vgl. Stöcklin-Meie, r8. Aufl., 2007, S. 86 ff.)

Papiertüte

Alter des Kindes: ab 5 Jahren
Material: Faltpapier (Quadratform, die größer sein sollte als ein gewöhnliches Faltpapier), mindestens 20 x 20 cm

1 Ein „Buch" so falten, sodass auf der hinteren Seite ein ca. 1 cm breiter Streifen vorsteht, der umgeknickt und angeklebt wird,

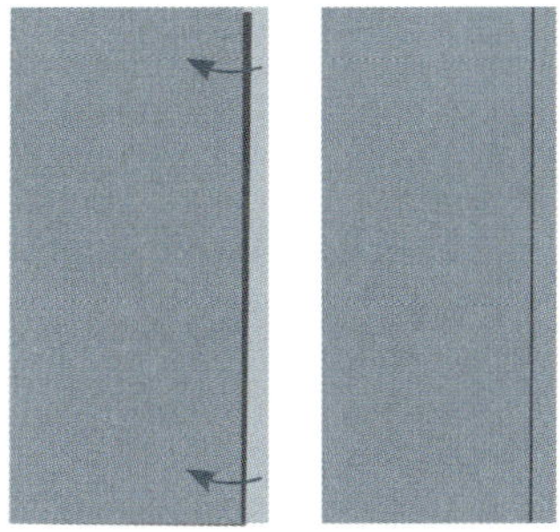

2 Arbeit ganz leicht in der Mitte falten (nur zur Orientierung!) und beide unteren Ecken zur Mitte falten,

3 diese wieder aufklappen und beide Ecken so nach innen schieben, dass lose Dreiecke entstehen,

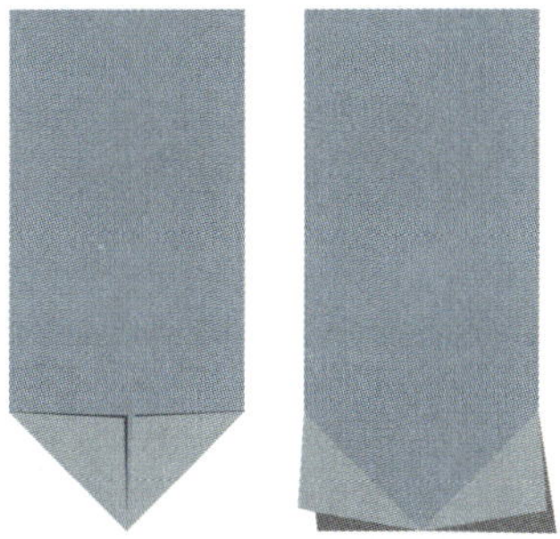

4 ein Dreieck wird nun nach oben geklappt und das untere Dreieck ein klein wenig über die sichtbare Mittellinie gefaltet,

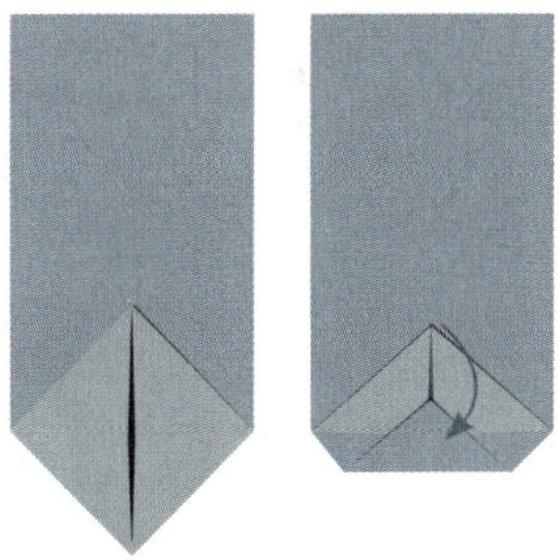

5 nun noch das obere Dreieck ein wenig über die Mitte falten und festkleben, die Papiertüte ist fertig!

(vgl. Stöcklin-Meier, 8. Aufl., 2007, S. 93)

Fröschchen

Alter des Kindes: ab 5 Jahren
Material: Faltpapier

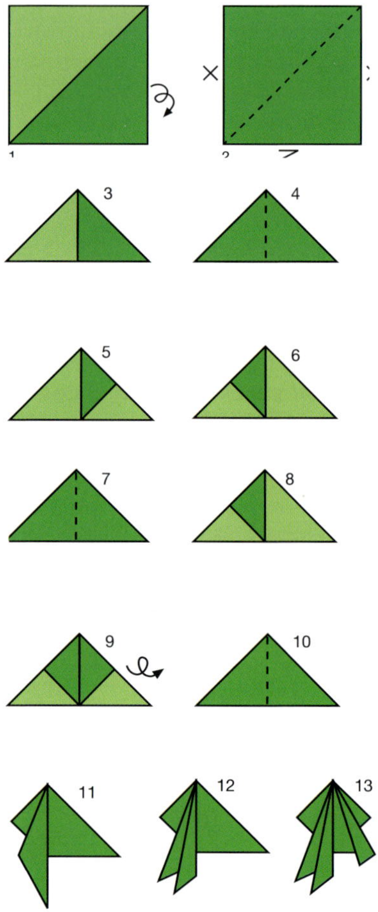

* ✱ Ein Kreuz (= zwei Bücher) falten und das Quadrat wenden,
* ✱ ein diagonales Kreuz (= zwei Kopftücher) falten,
* ✱ die gegenüberliegenden Endpunkte der waagerechten Linie mit Pinzettengriff aneinanderlegen und die so entstandenen Dreiecke gut glatt streichen,
* ✱ die Ecken des oberen Dreiecks zur Spitze falten, dann wieder zurücklegen,
* ✱ die neu entstandenen unteren Dreiecke so unter die anderen Dreiecke schieben und andrücken, dass ein Quadrat sichtbar wird,
* ✱ die Arbeit wenden,
* ✱ linke und rechte Ecke nach unten zur Mittellinie falten,
* ✱ die so entstandenen „Froschbeine" nochmals nach außen falten,
* ✱ zum Schluss dem Frosch noch Augen aufmalen.

(vgl. Wilmes, 2008, S. 53)

Schachtel und Körbchen

Alter des Kindes: ab 5 Jahren
Material: Faltpapier

1 Ein „Kopftuch“ falten und Arbeit wieder öffnen,

2 nun die zwei gegenüberliegenden Ecken zur Mitte falten,

3 die nun entstandenen Außenkanten zur Mitte falten,

4 Arbeit öffnen, dann alle oben beschriebenen Arbeitsvorgänge so wiederholen, dass eine diagonale „Schokolade“ entsteht,

5 Arbeit öffnen und wie abgebildet bis zum zweiten Falt einschneiden,

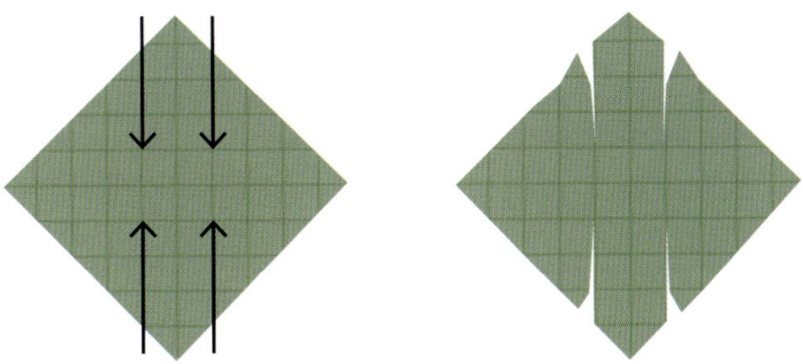

6 die rechte und linke Spitze
wird auf den waagerechten
Mittelfalt umgeschlagen,

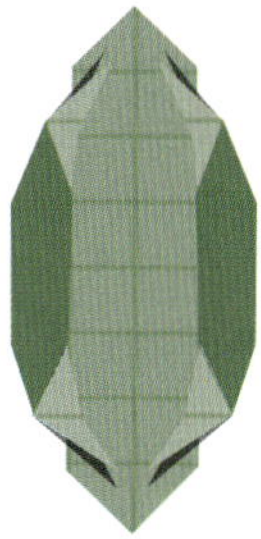

7 nochmals werden
beide Seiten
nach innen gefaltet,

8 beide Ränder werden hochgeklappt und die
Seitenwände übereinandergeklebt,

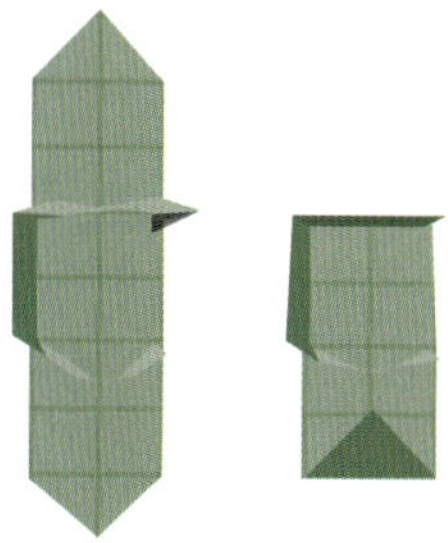

9 die Spitzen der flach auf dem Tisch liegenden Streifen werden
nach innen gefaltet, der Rest über den Schachtelrand gestülpt und
von innen leicht angeklebt,

nun ist eine Schachtelhälfte fertig.

Die zweite Schachtelhälfte wird ebenso gefaltet,
jedoch aus einem minimal größeren Quadrat.

Möchte man ein Körbchen erhalten, wird an der offenen Schachtel
ein Papierstreifen als Henkel angeklebt.

(vgl. Stöcklin-Meier,8. Aufl., 2007, S. 96/97)

Schweinchen

Alter des Kindes: ab 5 Jahren
Material: Faltpapier, Schere,
Stift zum Aufmalen des Gesichts

* Ein Buch so falten, dass die offene Seite nach oben zeigt,
* die Ränder vorne und hinten zur Bruchkante zurückfalten, sodass ein „M“ entsteht,
* Ecken vorne so umknicken, dass kleine Dreiecke entstehen, diese wieder zurücklegen und dann mit Pinzettengriff große Dreiecke herausziehen,
* von diesen wird der lose Teil an die Mittellinie des Dreiecks geknickt,
* die Arbeit wird gewendet und auf der Rückseite dasselbe gefaltet,
* an einer Seite wird die Spitze abgeschnitten, sodass ein Schnäuzchen entsteht,
* an der anderen Seite wird ein Stück so herausgeschnitten, dass ein Schwänzchen entsteht, das man dann ringeln kann.
* Zum Schluss erhält das Schweinchen noch Augen und Mund.

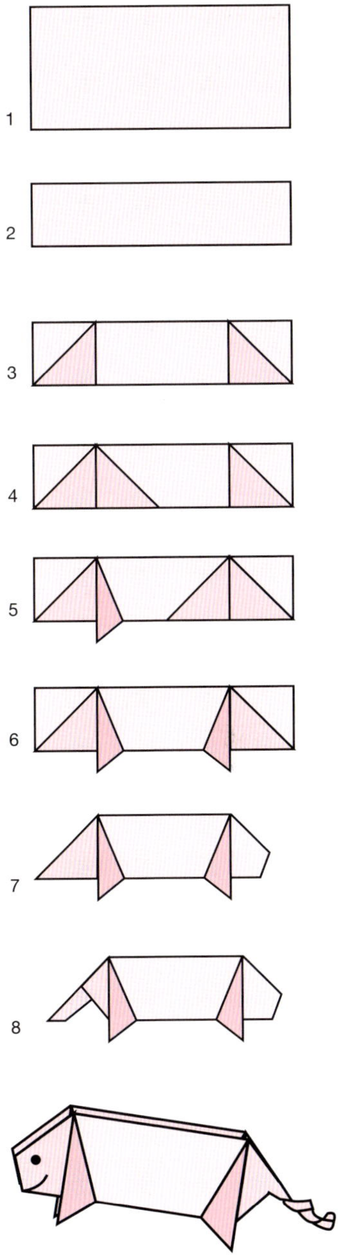

(vgl. Stöcklin-Meier, 8. Aufl., 2007, S. 103)

Windrad

Alter des Kindes: ab 5 Jahren
Material: Faltpapier, evtl. Heftzwecke und dünnes Rundholz

* Eine „Schokolade“ falten,
* dann auf derselben Seite ein diagonales Kreuz falten,
* mit den Zeigefingern erst in die unteren, dann in die oberen Ecken greifen und mit Pinzettengriff die Ecken so herausstreichen, dass zwei Bootsformen erkennbar sind,
* diese zur Mittelbruchlinie drücken und glatt streichen,
* zwei gegenüberliegende Ecken werden nach unten bzw. oben gelegt.

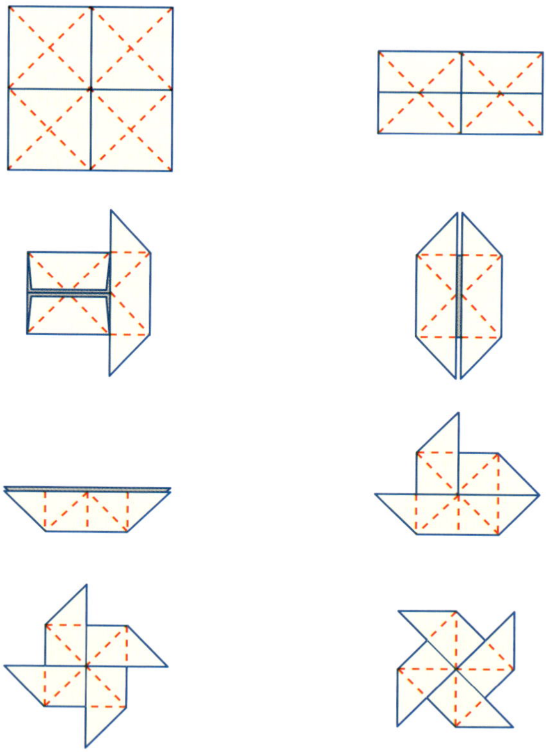

Nun kann man eine Heftzwecke in die Mitte drücken und dann ein dünnes Rundholz so befestigen, dass sich das Windrad drehen kann.

(vgl. Wilmes, 2008, S. 53)

„Himmel und Hölle“

Alter des Kindes: ab 5 Jahren
Anzahl der Mitspieler: zwei
Material: Faltpapier

* Ein diagonales Kreuz (= zwei „Kopftücher“) falten,
* dann alle Ecken zur Mitte knicken (= „Briefumschlag“),
* Arbeit wenden und auf der Rückseite ebenfalls alle Ecken zur Mitte knicken,
* die untere Kante im Mittelbruch auf die obere legen,
* nun sind vier kleine Tüten zu erkennen, in die oberen Tütchen werden die Zeigefinger gesteckt, in die unteren die Daumen,
* mit diesen Pinzettengriffen werden alle Spitzen vorsichtig zur Mitte zusammengedrückt.

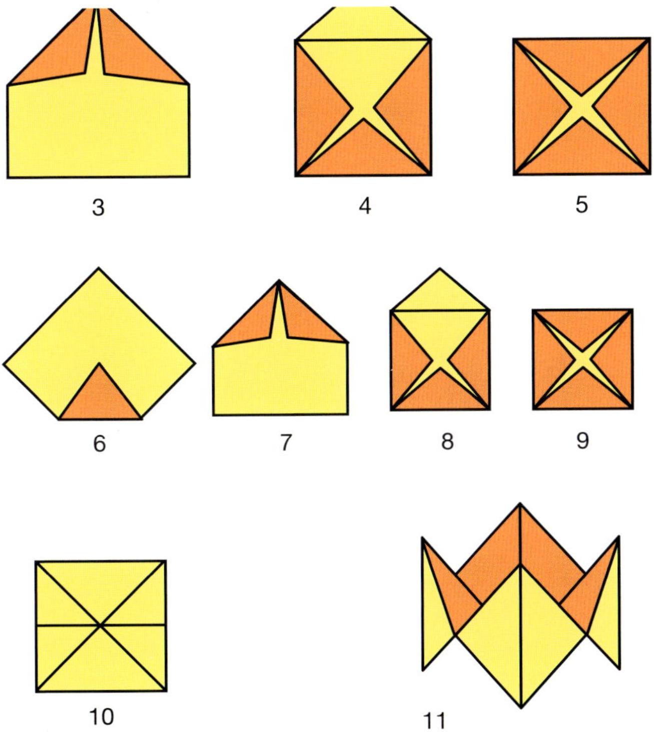

Nun ist das Himmel-und-Hölle-Spiel fertig und kann noch verziert werden!

Dazu wird die Faltarbeit nun noch einmal mit den sichtbar gefalteten Dreiecken glatt hingelegt und in jedes der acht Faltdreiecke etwas geschrieben, z. B. Dinge, die es auszuführen gilt, Prophezeiungen, Bezeichnungen oder Handlungsanweisungen für die mitspielende Person (z. B. „Hüpfe wie ein Frosch", „An den Du denkst, der liebt Dich", „Du bist ein Engel/Teufel" ...). Im Anschluss daran werden alle Seiten wieder zugeklappt und die Faltdreiecke mit Nummern von eins bis acht beschriftet.
Der Mitspieler darf nun eine Zahl auswählen und das Spiel wird immer wieder in beide Richtungen abwechselnd aufgeklappt, bis der Mitspieler „Stopp" sagt. Zwischen den nun sichtbaren vier Ziffern darf er seine Wahl treffen.

(vgl. Wilmes, 2008, S. 54)

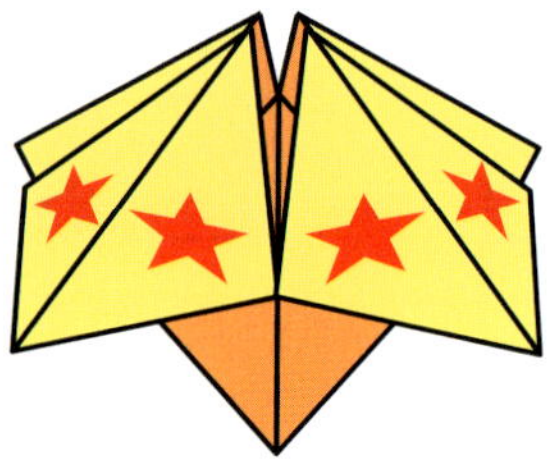

3.2.9 Lieder für Kindergartenkinde

Geburtstagslied: Wie schön, dass du geboren bist

2. Uns're guten Wünsche haben ihren Grund.
   Bitte bleib noch lange glücklich und gesund.
   Dich so froh zu sehen, ist was uns gefällt,
   Tränen gibt es schon genug auf dieser Welt.
   Tränen gibt es schon genug auf dieser Welt.

3. Montag, Dienstag, Mittwoch, das ist ganz egal,
   dein Geburtstag kommt im Jahr doch nur einmal.
   Darum lass uns feiern, dass die Schwarte kracht,
   heute wird getanzt, gesungen und gelacht,
   heute wird getanzt, gesungen und gelacht.

(Quelle: Text und Melodie: Rolf Zuckowski,
© MUSIK FÜR DICH Rolf Zuckowski OHG [Sikorski Musikverlage], Hamburg)

Das Lied über mich

2. Es gibt Lieder über Autos,
   brum, brum, brum.
   Und auch Lieder über Bienen,
   sum, sum, sum.
   Nur das eine Lied, das gibt's noch nicht,
   und das ist das Lied über mich!

3. Es gibt Lieder über's Lachen,
   ha, ha, ha.
   Und auch Lieder über's Schimpfen,
   na, na, na.
   Nur das eine Lied, das gibt's noch nicht,
   und das ist das Lied über mich!

4. Es gibt Lieder über's Trinken,
   gluck,gluck,gluck
   Und auch Lieder über's Hühnchen,
   tuck, tuck, tuck.
   Nur das eine Lied, das gibt's noch nicht,
   und das ist das Lied über mich!

(Quelle: Text und Melodie:
Volker Rosin, © Moon-Records-Verlag, Düsseldorf)

Das Flohlied

2. I: Kommt der Floh ins Bett hinein,
   macht er sich ein klitzekleines
   Nestelein :I
   Refrain: Oh, oh, oh, du armer Floh …

3. I: Macht der Floh den ersten Stich,
   leckt man sich den Finger.
   und dann kratzt man sich. :I
   Refrain

4. I: Wird der Floh beim Stich ertappt,
   wird er gleich gefangen und k. o. gemacht. :I
   Refrain

(mündlich überliefert)

Zwei kleine Wölfe

(WIKIBOOKS. Die freie Bibliothek: Zwei kleine Wölfe, abgerufen unter: www.//de.wikibooks.org/wiki/Gitarre:_Liedbeispiel_5e#Zwei_kleine_W%C3%B6lfe [22.08.2019])

Ein Huhn, ein Huhn

(Text: mündlich überliefert)

Wer hat den Keks aus der Dose geklaut?

(Sprechgesang)

Der Sprechgesang kann durch verschiedene Klatschformen bzw. durch Gestik rhythmisch unterstützt werden. Ein „Vorsprecher“ (V) spricht Teile des Textes vor, die anderen Mitspieler („alle“) wiederholen das Vorgesprochene, das angesprochene Kind antwortet auf die Frage.
Besteht ein Wort aus mehreren Silben, werden diese einzeln gesprochen.

V: Wer hat den Keks aus der Do-se geklaut?
alle: Wer hat den Keks aus der Do-se geklaut?
V: Tom hat den Keks aus der Do-se geklaut!
alle: Tom hat den Keks aus der Do-se geklaut.
Tom: Wer? Ich?
V: Ja, du!
Tom: Nie-mals!
alle: Wer dann?
Tom: Nina hat den Keks aus der Dose geklaut!
alle: Nina …
Nina: Wer? Ich?
usw.

Dieser Sprechgesang kann auch auf Englisch erfolgen:

V: Who took the cookie from the cookie jar?
alle: Who took the cookie from the cookie jar?
V: Tom took the cookie from the cookie jar!
alle: Tom took the cookie from the cookie jar.
Tom: Who, me?
V: Yes, you!
Tom: Not me!
alle: Then who?
Tom: Nina took the cookie from the cookie jar!
alle: Nina ...
Nina: Who, me? usw.

(mündlich überliefert)

Sankt Martin ritt durch Schnee und Wind

(trad.)

2. Im Schnee saß, im Schnee saß,
   im Schnee, da saß ein armer Mann,
   hatt' Kleider nicht, hatt' Lunpen an.
   O helft mir doch in meiner Not,
   sonst ist der bittre Frost mein Tod!

3. Sankt Martin, Sankt Martin,
   Sankt Martin zog die Zügel an,
   sein Ross stand still beim armen Mann,
   Sankt Martin mit dem Schwerte teilt
   den warmen Mantel unverweilt.

4. Sankt Martin, Sankt Martin,
   Sankt Martin gab den Halben still,
   der Bettler rasch ihm danken will,
   Sankt Martin aber ritt in Eil
   hinweg mit seinem Mantelteil.

(mündlich überliefert)

Durch die Straßen auf und nieder

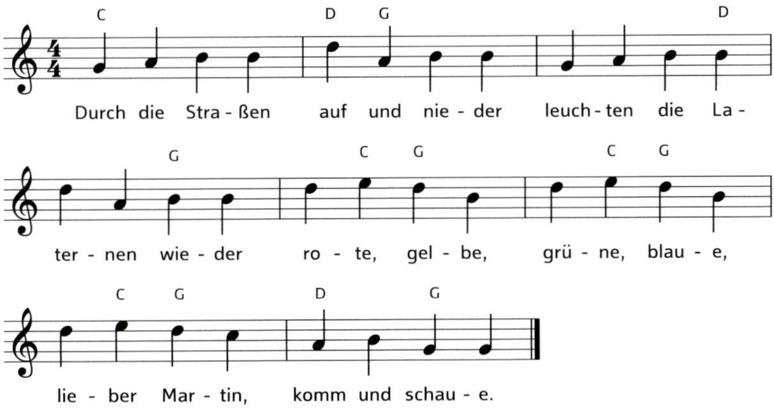

2. Wie die Blumen in dem Garten
   blüh'n Laternen aller Art:
   rote, gelbe, grüne, blaue,
   lieber Martin, komm und schaue!

3. Und wir gehen lange Strecken
   mit Laternen an den Stecken:
   rote, gelbe, grüne, blaue,
   lieber Martin, komm und schaue!

(Text: Lieselotte Holzmeister, Melodie: Richard Rudolf Klein, © Fidula-Verlag Holzmeister GmbH, Koblenz)

Ich geh mit meiner Laterne

1. Ich geh mit meiner Laterne
   und meine Laterne mit mir.
   Dort oben leuchten die Sterne
   und unten, da leuchten wir

   Refrain: Der Hahn, der kräht, die Katze miaut,
   Rabimmel, Rabammel, Rabumm

2. Ich geh mit meiner Laterne
   und meine Laterne mit mir
   Dort oben leuchten die Sterne
   und unten, da leuchten wir.

   Refrain: Laternenlicht, verlösch mir nicht
   Rabimmel, Rabammel, Rabumm
   Refrain der Strophen 3–7:

– 3. Der Martinsmann, der zieht voran . . .
– 4. Ein Lichtermeer zu Martins Ehr' . . .
– 5. Wie schön das klingt, wenn jeder singt . . .
– 6. Beschenkt uns heut', ihr lieben Leut' . . .
– 7. Mein Licht ist aus, ich geh' nach Haus . . .

(mündlich überliefert)

In der Weihnachtsbäckerei

(Text und Melodie: Rolf Zuckowski, © MUSIK FÜR DICH Rolf Zuckowski OHG, [Sikorski Musikverlage], Hamburg)

3.2.10 Spiele für ein Kita-Sommerfest

In vielen Kitas gehört das Sommerfest für die ganze Familie zu den „Highlights“ des Jahres. Es wird oft mit Eltern und Kindern gemeinsam vorbereitet. Eltern sorgen beispielsweise an verschiedenen Ständen für das leibliche Wohl der Gäste oder bieten an, Kinder zu schminken; die Kinder bereiten kleine Theatervorstellungen mit ihren Erziehern und Erzieherinnen vor, Spiele dürfen natürlich auch nicht fehlen.
Bei der Auswahl bedarf es gar nicht so viel Vorarbeit, um den Großen und Kleinen gleichermaßen ein attraktives Sommerfest zu bieten. Hier eine kleine Auswahl von Spielen, die ohne großen Aufwand angeboten werden können.

Korbwerfen

In Vorbereitung auf das Sommerfest werden Papierkörbe mit bunten Motiven aus Papier oder Pappe bunt gestaltet. Jeder Spieler versucht, bunte Bälle in die aufgestellten Papierkörbe zu werfen. Nach diesem Spiel können kleine Preise oder auch „Trostpreise“ an die „Ballwerfer“ ausgegeben werden.

(vgl. Krenzer,1974, S. 139)

Dosenpyramide

Alter der Kinder:
ab 5 Jahren

Material:
neun leere, bunt beklebte Dosen, z. B. Cappucino-Dosen

Vor dem Sommerfest werden ca. neun Dosen (z. B. leere Cappuccino-Dosen) bunt beklebt. Diese werden in Form einer Pyramide aufgebaut. Es wird versucht, mit drei Würfen (z. B. mit einem kleinen Softball) möglichst viele Dosen umzuwerfen. Auch hier können die Spieler kleine Preise erhalten.

(vgl. Krenzer,1974, S. 139)

Torwandwerfen

Alter der Kinder: ab 5 Jahren
Material: großer Pappbogen, Softball

Man benötigt hierzu eine große Pappe, die vor dem Sommerfest folgendermaßen gestaltet wird:
In die Mitte wird ein größeres Loch geschnitten, sodass ein Ball gut hineingeworfen werden kann. Die Pappe kann dann bunt gestaltet werden, z. B., indem das Loch den geöffneten Mund eines Tieres darstellt. Aus einer bestimmten Entfernung wird versucht, mit einem Softball das Loch zu treffen.

(vgl. Krenzer,1974, S. 140)

Wettangeln

Alter der Kinder: ab 5 Jahren
Material: Gegenstände, die sich leicht angeln lassen, selbst gestaltete Angel, bunt gestalteter Karton

Gegenstände, die sich leicht angeln lassen, werden in einen bunt gestalteten Karton gelegt (z. B. Reifen, Tasse, Schlüsselanhänger). Mit einer selbst hergestellten Angel (Rundholz mit gebogenem Eisendrahthaken) wird versucht, die Dinge aus dem Karton zu angeln. Entweder die Gegenstände selbst oder andere kleine Gegenstände dienen als Preise.

(vgl. Krenzer, 1974, S. 140)

Das große Wurfspiel

Alter der Kinder: ab 5 Jahren
Material: runde Waschmitteltonnen, die bunt umklebt uerden

Drei bis sechs runde Waschmitteltonnen werden in unterschiedlicher Höhe abgeschnitten und mit einfarbigem Papier umklebt. Jede Tonne erhält eine andere Punktzahl. Die Punkte werden – wie bei einem Würfel angeordnet – ebenfalls auf die Tonnen geklebt. Wer erreicht mit drei Würfen die höchste Punktzahl?

(vgl. Krenzer,1974, S. 140)

Glücksbänderziehen

Alter der Kinder: ab 5 Jahren
Material: Decke oder Tuch, bunte Bänder, an denen kleine Gewinne befestigt werden

Auf einen höheren Tisch wird eine Decke oder ein Tuch gelegt, das bis zum Boden reicht und mit Deckenhaltern am Tisch befestigt wird. Hinter dem Tisch steht ein großer Karton mit kleinen Gewinnen, die jeder z. B. zum Abschluss des Festes erhält. Dazu ist an jedem Gewinn ein langes buntes Band befestigt, das über die Tischplatte reicht. Jeder darf einmal an einem Band ziehen und den gezogenen Gewinn behalten.

(vgl. Krenzer,1974, S. 141)

4 Spielbegleitung

In diesem Kapitel erhalten Sie zahlreiche Hinweise rund um die Begleitung des kindlichen Spiels, z. B.:

* Wie kann ich eine eigene Spielesammlung zusammenstellen, um den aktuellen Bedürfnissen der Kinder entsprechende Spiele auswählen zu können?
* Worauf muss ich als Spielleiter/-in bei der Begleitung des kindlichen Spiels achten, damit die Kinder meine Begleitung als bereichernd erleben dürfen?
* Was muss ich beim Aufbau einer Spielrunde beachten?

4.1 Die eigene Spielsammlung

Es hat sich bewährt, Regel- und Gesellschaftsspiele, die man durch andere Erzieher/-innen oder auch durch Stöbern in Büchern oder im Internet kennengelernt hat, in einer eigenen Spielkartei zu sammeln. Erst so wird es möglich, sich ein umfassendes Spielrepertoire für die sozialpädagogische Arbeit zu schaffen.
Dabei bleibt es der pädagogischen Fachkraft selbst überlassen, wie sie ihre Spielesammlung gestaltet. Zu beachten wäre jedoch, dass:

* für jedes Spiel das gleiche Format gewählt wird (z. B. DIN-A5-Karteikarten, DIN-A4-Blätter),
* die Spielesammlung in bestimmte Bereiche eingeteilt wird,
* die einzelnen Spiele mit wichtigen Angaben versehen werden.

In welche Bereiche lassen sich Spiele einteilen?

Die pädagogische Fachkraft, die eine eigene Spielesammlung anlegt, kann die ausgewählten Spiele nach verschiedenen Aspekten zu einer Gruppe zusammenfassen, z. B.:

* **Aspekt „Spielalter“**
  Spiele für Kinder unter drei Jahren, Spiele für das Vorschulkind, Spiele für das Schulkind, Spiele für Jugendliche usw.
* **Aspekt „Spielort“**
  Spiele für drinnen/draußen, Spiele am Krankenbett, Spiele im Raum, Spiele im Wasser usw.
* **Aspekt „Spieltätigkeiten“**
  Kennenlernspiele, Reaktionsspiele, Geschicklichkeitsspiele, Wahrnehmungsspiele, Bewegungsspiele, Tanzspiele, darstellende Spiele usw. (vgl. Baer, 1996, S. 35/36).

Diese oder andere Einteilungen helfen, die für die jeweilige Gruppe oder Spielsituation geeigneten Spiele zügig zusammenzustellen und beispielsweise einen Spielnachmittag zu einem schönen Erlebnis für alle Beteiligten werden zu lassen.

Welche Angaben sollte die Beschreibung des einzelnen Spiels enthalten?

Damit die Spielleitung beurteilen kann, ob sie ein bestimmtes Spiel für die Arbeit mit einer Gruppe einsetzen kann, ist es wichtig, dass das Spiel neben der Spielbeschreibung noch weitere Angaben enthält:

* Spielart
* Spieltitel
* Alter der Mitspieler
* Anzahl der Mitspieler
* Spieldauer
* Spielort
* Material
* Spielvariationen

<table>
<tr><td>SPIELART</td><td>Kennenlernspiel</td></tr>
<tr><td>SPIELTITEL</td><td>Das Spinnennetz</td></tr>
<tr><td>ALTER DER MITSPIELER:</td><td>ab 10 Jahren</td></tr>
<tr><td colspan="2">SPIELBESCHREIBUNG
Es wird ein Stuhlkreis gebildet. Der Spielleiter hat ein Wollknäuel in der Hand. Er nennt seinen Namen, hält das Ende des Wollknäuels fest und wirft dann das Wollknäuel einem anderen Mitspieler zu. So geht es kreuz und quer, bis alle sich vorgestellt haben.
(vgl. Evers, 1994, S. 42)</td></tr>
<tr><td>ANZAHL DER MITSPIELER:</td><td>15–25</td></tr>
<tr><td>SPIELDAUER</td><td>je nach Gruppengröße
ca. 15 Minuten</td></tr>
<tr><td>SPIELORT</td><td>Gruppenraum</td></tr>
<tr><td>MATERIAL</td><td>ein Wollknäuel, Stühle</td></tr>
<tr><td>SPIELVARIATIONEN</td><td>Die Spieler fügen der Namensnennung noch weitere Informationen zu wie z. B. Hobbys, Lieblingsfilm u. Ä. (eignet sich jedoch nicht für sehr große Gruppen).</td></tr>
</table>

TIPP

Ein Formblatt für die eigene Spielsammlung finden Sie in Vorlage 3 auf der Website „www.kompetent-erziehen.de“

4.2 Spielleiterverhalten

Beobachtungen helfen jeder pädagogischen Fachkraft, Spielinteressen und -bedürfnisse der Kinder zu erfassen und dementsprechend neue Spiele oder Spielangebote einzuführen. Einige allgemeine Hinweise zum Spielleiterverhalten gilt es bei allen Angeboten zu beachten, weitere – auf bestimmte Spielformen bezogene Hinweise – schließen sich in den nachfolgenden Kapiteln an.

Allgemeine Hinweise zum Spielleiterverhalten

Die Spielleitung sollte

* das Spiel(angebot) selbst gut kennen,
* selbst Freude an dem ausgewählten Spiel/den ausgewählten Spielen haben, denn eigene Freude überträgt sich ebenso wie Missmut,
* die Einführung anschaulich gestalten und alle Materialien bereithalten,
* klare, verständliche, kindgerechte und kurze Erklärungen geben,
* deutlich, ruhig und langsam sprechen und so kurz wie möglich, so lang wie nötig, erklären,
* unbekannte Begriffe kindgerecht erklären,
* bei Bedarf Spielvariationen einbringen. (z. B. bei Unter- oder Überforderung Regeländerung vornehmen),
* sich nach und nach aus der aktiven Rolle zurückziehen und aus einer gewissen Entfernung das Spielgeschehen weiter beobachten, aber auch bei Bedarf selbst mitspielen,
* darauf achten, dass bei Regelspielen die Regeln eingehalten werden,
* zu allen Mitspielern Blickkontakt halten, denn nur so vermittelt sie einen persönlichen Kontakt.

4.2.1 Begleitung eines neuen Kreis- oder Bewegungsspiels

Hinweise zur Begleitung eines neuen Kreis- oder Bewegungsspiels

* Erklären Sie das neue Spiel langsam, kindgerecht und kurz. Falls möglich, machen Sie es vor.
* Akzeptieren Sie, wenn ein Kind nicht mitspielen möchte.
* Spielen Sie so lange mit, bis Sie merken, dass die Kinder das Spiel verstanden haben, und ziehen Sie sich dann langsam aus der aktiven Rolle zurück.
* Versuchen Sie, alle Kinder einzubeziehen, die mitspielen möchten.
* Beobachten Sie die Spielsituation und beenden Sie das Spiel, indem Sie das Spielende rechtzeitig bekanntgeben.
* Führen Sie nur so viele Spieldurchgänge durch, wie es das Spiel und die Spielsituation erlauben.

4.2.2 Begleitung des freien Rollenspiels

Hinweise zur Begleitung des freien Rollenspiels (des einzelnen Kindes oder einer Gruppe von Kindern)

* Beobachten Sie das Kind/die Kinder beim Rollenspiel, und bieten Sie nur das Mitspiel an, wenn dem Kind/den Kindern Spielideen fehlen oder das Spiel verflacht.
* Unterstützen Sie die Spielideen des Kindes/der Kinder mit spielanregenden Materialien oder Requisiten (z. B. auch durch Materialien, die selbst gestaltet wurden wie z. B. Spielgeld mithilfe der Durchreibetechnik).
* Geben Sie dem Kind/den Kindern, wenn nötig, durch behutsames Mitspielen in einer Nebenrolle(!) neue Spielimpulse (z. B. als Kundin in einem Friseursalon, die einen Haarschnitt wünscht, als Kunde eines Supermarktes, der Obst und Gemüse kauft usw.).

* Ziehen Sie sich behutsam aus dem Rollenspiel zurück, wenn Sie bemerken, dass das Kind/die Kinder in das Spiel gefunden hat/haben (z. B. als Kundin des Friseursalons, die sich nach dem Frisieren wieder verabschiedet, als Kunde des Supermarktes, der diesen nach dem Bezahlen verlässt usw.).

4.2.3 Begleitung des Konstruktionsspiels

Hinweise zur Begleitung des Konstruktionsspiels des einzelnen Kindes oder einer Gruppe von Kindern

* Beobachten Sie das Kind/die Kinder beim Konstruktionsspiel und orientieren Sie sich, welche Konstruktionsmaterialien zur Verfügung stehen, ob eventuell andere oder weitere Materialien benötigt werden.
* Unterstützen Sie die Spielideen des Kindes/der Kinder mit spielanregenden Materialien (z. B. auch durch Materialien, die selbst gestaltet wurden wie beispielsweise Stallungen für Tiere aus kleinen Kartons).
* Geben Sie dem Kind/den Kindern, wenn nötig, durch behutsames, eher untergeordnetes Mitspielen neue Spielimpulse (z. B. können Sie am Gestaltungstisch anbieten, Häuser für den Bau einer Stadt auf dem Bauteppich zu gestalten).
* Erlauben Sie den Kindern, ihre Bauwerke stehen zu lassen, damit sie zum Weiterbauen angeregt werden. Informieren Sie die anderen Kinder darüber, damit sie das Konstruierte achten.

4.2.4 Begleitung von Gesellschaftsspielen

Hinweise zur Begleitung von Gesellschaftsspielen

* Bereiten Sie das Spiel gemeinsam mit den Kindern vor (z. B. Spielplan gemeinsam aufbauen, Karten gemeinsam verteilen).
* Fragen Sie die Kinder, ob sie das Spiel schon kennen, und lassen Sie sich die Spielregeln zunächst von den Kindern erklären.
* Fassen Sie die Spielregeln dann noch einmal kurz zusammen.
* Lassen Sie den jüngsten Mitspieler mit dem ersten Spielzug beginnen.

* Kommentieren Sie Spielzüge, damit die Spielregeln besser behalten werden (z. B. „Ich habe die Fünf gewürfelt und gehe nun fünf Felder vor und zähle: 1, 2, 3, 4, 5“).
* Halten Sie das Kind dazu an, ebenfalls seine Spielzüge zu kommentieren, indem Sie Impulse geben wie beispielsweise. „Wie viele Felder musst du vorgehen? Welche Farbe hast du gewürfelt?“
* Achten Sie darauf, dass das Kind das Spiel an einen festen Aufbewahrungsort zurückbringt, damit sie das Spiel immer wiederfinden.

TIPP

Verändern Sie eventuell die Regeln des Gesellschaftsspiels, wenn Sie bemerken, dass das Kind mit den Spielregeln über- oder unterfordert ist. So kann z. B. das Spiel „Mensch ärgere Dich nicht“ mit zwei Figuren gespielt werden, damit das Spiel nicht zu lang wird.

4.3 Aufbau einer Spielrunde

Eine Spielrunde besteht aus fünf bis acht Spielen und kann einen unterschiedlichen Planungsrahmen haben wie beispielsweise die Einbettung der Spiele in eine Spielgeschichte, Setzung eines Spiele-Schwerpunktes (z .B. Wahrnehmungsspiele), Durchführung der Spiele unter einem bestimmten Motto u. Ä. m. Die ausgewählten Spiele sollten nicht zufällig aneinandergereiht werden, sondern nach einer sinnvollen Struktur geordnet werden.

Es bietet sich an, eine Spielrunde im Kreis durchzuführen, denn im Kreis können sich alle ansehen und verstehen und zudem kann der Blickkontakt mit allen gehalten werden.

Kinder nehmen mit Freude an einer solchen gemeinsamen Aktion teil und fördern und erweitern indirekt, entsprechend der Anforderungen der jeweiligen Spielform, bestimmte Kompetenzen, z. B.:

* Reaktionsspiel (schnell reagieren)
* Wahrnehmungsspiel (genau hinsehen, hören, unterscheiden, zuordnen)
* Singspiel (textsicher werden)

Kriterien zur Auswahl der Spiele

* Die Spiele entsprechen dem **Entwicklungsstand** der Gruppe, d. h., die Spiele müssen für alle Spieler spielbar sein. („Jede Gruppe ist so stark wie ihr schwächstes Glied.“)
* Die Spielleiterin hat immer die **augenblickliche Situation** und die **Zusammensetzung einer Gruppe** im Blick.
* Es empfiehlt sich, neben den fünf bis acht Spielen ein bis zwei weitere Spiele **einzuplanen** und ggf. einzelne Spiele weglassen, um sich selbst nicht unter Druck zu setzen, wenn in der Spielsituation ein Spiel durch ein anderes ersetzt werden muss.
* Um die **Dauer der einzelnen Spiele einschätzen** zu können, sollte die Spielleitung die Gruppe in der jeweiligen Spielsituation gut beobachten. Meist wird ein Spiel so lange gespielt, bis die Spielfreude am größten ist und gerade beginnt, sich abzuschwächen.
* **Spielvariationen** sollten eingeplant werden, um eine Unter- oder Überforderung einzelner Spieler zu vermeiden.
* **Spielvorschläge** von den Kindern mit aufzunehmen, sollte gut überdacht werden, denn nicht alle Spiele passen in den gewählten Spielrahmen. Ebenso kann es sich schwierig gestalten, wenn die Spielleiterin die Spiele selbst nicht kennt.

Spiele, die es zu vermeiden gilt, sind Spiele mit Wartezeiten für einzelne Spieler, denn dadurch kann es in der Gruppe sehr unruhig werden.
Sogenannte Blamierspiele, bei denen man sich auf Kosten der anderen lustig macht, sind abzulehnen. Sie entsprechen nicht dem Bedürfnis jedes einzelnen Mitspielers nach Wertschätzung.

Regeln für den Aufbau einer Spielrunde

Eine Spielfolge sollte in vier Abschnitte untergliedert werden:

1. **Aufwärmphase**
   (erstes Spiel)

   Es sollte mit einem bekannten Spiel begonnen werden, damit eventuelle Hemmungen und Ängste abgebaut werden oder auch gar nicht erst entstehen. Es sollte weitgehend von der Spielleitung gelenkt werden. Ein Spiel, bei dem alle in gleicher Weise beteiligt werden, bietet sich in besonderer Weise an. Vorführspiele sind also in dieser Phase unbedingt zu vermeiden, denn meist sind die Spieler noch unsicher oder zurückhaltend, es sei denn, Spielrunden werden in der Gruppe häufig durchgeführt.

2. **Wechsel und Steigerung**
   (zweites und drittes Spiel)

   Nun können Spiele durchgeführt werden, bei denen der Einzelne mehr gefordert wird. Es kann davon ausgegangen werden, dass die Spieler nun „aufgetaut“ sind und mit großer Freude an den Spielen teilnehmen. Was Lebhaftigkeit, Spannung und Kontakt betrifft, soll nun eine Steigerung geboten werden. Der Einzelne will durch das zweite und dritte Spiel mehr gefordert werden, nachdem er aufgetaut ist und Spaß an der Sache gefunden hat.

3. **Höhepunkt**
   (viertes Spiel)

   Es wird ein Spiel gewählt, bei dem beispielsweise die Reaktionsfähigkeit der Spieler von Bedeutung ist oder engere körperliche Kontakte untereinander. Alle Spieler können sich in gleicher Weise beteiligen.

4. **Ruhiger Ausklang**
   (fünftes und sechstes Spiel)

   Beim vorletzten und letzten Spiel wird es Zeit, wieder Ruhe einkehren zu lassen, deshalb darf der Höhepunkt auch nicht am Schluss liegen, sondern kurz davor. Die Spielrunde klingt mit einem ruhigen Spiel aus.

(vgl. Pausewang, 1997, S. 170ff.)

4

Beispiel für eine Spielrunde

Material:

* Brief an die Kita-Kinder, geschrieben von „KNUD“ (Spielpuppe, die ca. 30 cm groß ist und oft als Begleiter der Kinder zur Entdeckung der Natur eingesetzt wird).
* Kästchen mit sechs Briefumschlägen, in denen sich Abbildungen von Spielen befinden, die in der Spielrunde gespielt werden. Jeder Umschlag wurde mit einer Punktzahl versehen, sodass die Spiele in einer bestimmten Reihenfolge gespielt werden.
* Einsteckwürfel mit drei Blanco-Seiten und drei „KNUD-Abbildungen“

TIPP

www.

In Vorlage 4 auf der Website www.kompetent-erziehen.de finden Sie eine KNUD-Abbildung zum Ausdrucken und Einstecken in die Taschen eines Einsteckwürfels.

Hinführung zur Spielrunde

Die pädagogische Fachkraft erzählt den Kindern:

„Stellt Euch vor, heute morgen, als ich in den Kindergarten kam, fand ich dieses Kästchen vor unserer Tür ... und was lag darin?

Gold ? – Nein.

Kostbarkeiten und Schmuck? – Nein.

Ein Brief an Euch lag darin – und den möchte ich Euch nun vorlesen:

Liebe Kinder der Gänseblümchengruppe,

gestern wollte ich Euch im Kindergarten besuchen und mich bei Euch dafür bedanken, dass Ihr die Wiese neben Eurem Kindergarten von dem ganzen Müll befreit habt, den irgendwelche Leute achtlos darauf verteilt haben. Da ich aber erst so spät bei Euch war, konnte ich nicht mehr persönlich „Dankeschön" sagen und deshalb schreibe ich Euch diesen Brief und schenke Euch dieses schöne Spielkästchen und den „KNUD-Würfel".

Reihum dürft Ihr gleich anfangen, zu würfeln. Wer einen „KNUD" gewürfelt hat, darf einen Umschlag öffnen. In jedem Umschlag befindet sich ein Bild von einem Spiel, das Ihr dann zusammen spielen könnt.

Ich wünsche Euch ganz viel Spaß dabei und sage noch einmal herzlichen Dank für Eure Mühe.

Euer KNUD

Durchführung der Spielrunde

Folgende Spiele werden nacheinander entsprechend der beobachteten Spielsituation durchgeführt:

Aufwärmphase
Spiel 1: Klingeling, die Post ist da

Wechsel und Steigerung
Spiel 2: Bello, Bello, Dein Knochen ist weg!
Spiel 3 : Ich bin die kleine Hexe

Höhepunkt
Spiel 4: Der geheime Dirigent
Spiel 5: Spieleinführung: Honky Tonky

Ruhiger Ausklang
Spiel 6: Familie Maus

Die Erzieherin beendet die Spielrunde mit folgendem Satz:
„Die Mäuschen können nun auch wieder besser auf unserer sauberen Wiese nach Futter suchen und wir dort spielen, was wir nun auch machen wollen. Lasst uns nach draußen gehen, bis ihr abgeholt werdet."

4

AUFGABE allein

1. Vergegenwärtigen Sie sich, in welcher Weise und zu welchen Zeitpunkten/Gelegenheiten Spielrunden in Ihrer Einrichtung durchgeführt werden.
2. Welche Spiele gehören zum Spielrepertoire Ihrer Einrichtung, welche Spiele spielen die Kinder Ihrer Gruppe besonders gern?
3. Welches Spiel aus Ihrem persönlichen Spielrepertoire bietet sich Ihrer Meinung nach an, um es in Ihrer Kita neu einzuführen?
4. Welchen Planungsrahmen könnten Sie sich für die Durchführung einer Spielrunde mit Einführung dieses neuen Spiels vorstellen?

AUFGABE im Team

1. Tauschen Sie sich in Ihrem Team über die individuellen Ideen zur Planung einer Spielrunde aus und planen Sie gemeinsam die Durchführung einer solchen (Planungsrahmen, Auswahl der Spiele,...).
2. Treffen Sie mit Ihren KollegInnen nötige Absprachen (Uhrzeit, wer stellt den Stuhlkreis, wer ist eventuell für welche Kinder zuständig, wer nimmt vom Personal/von den Kindern wo Platz ...).
3. Klären Sie ab, wer die Spielleitung haben soll und worin für diese die kollegiale Unterstützung besteht.
4. Bereiten Sie die Spielrunde vor, d. h.:
   - Sorgen Sie bei den Kindern für ausreichend Bewegung vor der Durchführung und lüften Sie den Raum.
   - Bedenken Sie Ihre Spielleiterrolle und halten Sie die benötigten Spielmaterialien bereit, zeigen Sie Spielfreude und haben Sie stets den Mut zu einer sinnvollen, situativen Spontaneität.

EIGENE NOTIZEN

LITERATURVERZEICHNIS

Arndt, Marga/Singer, Waltraud (Hrsg.): Das ist der Daumen Knudeldick. Fingerspiele und Rätsel, Ravensburg: Ravensburger Buchverlag Otto Maier GmbH, 1980.

Baer Ulrich: Spielpraxis. Eine Einführung in die Spielpädagogik, 2. Aufl., Seelze: Kallmeyer, 1996.

Bächli, Gerda: Tausendfüssler, Beiheft 2 zu „Mein Erlebnis Musik“, Josef Röösli/Walter Keller-Löwy, Zürich, HUG Musikverlage, Walter Wild Musikverlag GmbH, PE986

Beermann,Marlies/Bort-Gsella, Wolfgang: Mini Spielkartei. Eine Spielkartei für Kinder von 2–6 Jahren und die dazugehörigen Erwachsenen, Münster: Ökotopia, 1996.

Horak, Sylvia: Spielen mit den Allerkleinsten.Vom Baby- bis zum Kindergartenalter, Niedernhausen/Ts.: Falken, 1993.

Evers, Magrit: Geselligkeit mit Senioren. Wahrnehmen, Gestalten, Bewegen, hrsg.von Peter Thiesen, Weinheim: Beltz, 1994.

Klotz, Jennifer: Warum spielen Menschen?, Psychologe Rolf Oerter sagt, dass auch schlechte Verlierer gute Zeitgenossen sein können, in: Westfälischer Anzeiger vom 28.10.2018.

Krenzer, Rolf: Feste und Feiern mit Behinderten, Staufen/Breisgau: Kemper Verlag, 1974.

Krenzer, Rolf: Spiele mit behinderten Kindern I, 5. Aufl., Lahr: Verlag Ernst Kaufmann, 1983.

Krenzer, Rolf: Spiele mit behinderten Kindern II, Staufen/Breisgau: Kemper Verlag, 1981.

Lamp, Florian; Sumfleth, Marco (Hrsg.): Das Spiel- und Bewegungsliederbuch, 4. Aufl., Berlin: Verlag, 2015.

Lübben-Chambi,Regine: Kinder spielen für ihr Leben gern.Wie ihr Kind beim Spielen alles lernt, was es braucht, Wuppertal/Kassel: Oncken, 2001.

Oy, Clara Maria von/Sagi, Alexander (Hrsg.): Montessori-Material zur Förderung des entwicklungsgestörten und des behinderten Kindes, Arbeitshefte zur heilpädagogischen Übungsbehandlung, Band 3, 2. Aufl., Heidelberg: Edition Schindele, 1993.

Pausewang, Freya: Dem Spielen Raum geben. Grundlagen und Orientierungshilfen zur Spiel- und Freizeitgestaltung in sozialpädagogischen Einrichtungen, Berlin: Cornelsen, 1997.

Singerhoff, Lorelies/Stiefenhofer, Martin: Finger- und Bewegungsspiele für Krippenkinder, Freiburg/Br.: Herder, 2004.

Stöcklin-Meier, Susanne: Falten und Spielen. Intelligent durch geschickte Finger, Ravensburg: Ravensburger Buchverlag Otto Maier GmbH, 1996.

Thiesen, Peter: Arbeitsbuch Spiel. Für die Praxis in Kindergarten, Hort, Heim und Kindergruppe, 5. Aufl., Troisdorf: Bildungsverlag EINS, 2004.

Thiesen, Peter: Drauflosspieltheater. Ein Spiel- und Ideenbuch für Kindergruppen, Schule und Familie, Weinheim: Beltz, 1994.

Thiesen, Peter: Konzentrationsspiele für Kindergarten und Hort. Lebendige Förderung ohne Dressur und Stress, 2. Aufl., Freiburg/Breisgau: Lambertus, 1994.

vom Wege, Brigitte/Wessel, Mechthild: Spielen im Beruf. Spietheoretische Grundlagen für pädagogische Berufe, 4. Aufl., Bildungsverlag EINS: Köln, 2012.

Wilmes-Mielenhausen, Brigitte: Schmuse- und Bewegungsspiele. Ganzheitliche Sinneserfahrung für die Kleinsten, Freiburg/Br.: Herder, 1996.

Wilmes, Andrea: Sozialassistenz kompakt, 1. Aufl., Bildungsverlag EINS, Köln, 2017

INTERNETLINKS

Bückart, Dietmar (Alojado Publishing, Moers): Fünf kleine Fische, abgerufen unter: www.lieder-archiv.de/fuenf_kleine_fische-notenblatt_100508.html [22.08.2019] images-eu.ssl-images-amazon.com/images/I/915Eov8eGmS.pdf.

Kindergaudi, Gaudinauten UG, Konstanz: Max und Moritz, abgerufen unter: www.kindergaudi.de/kigacms/spiele/info.htm?&rid=2&cid=&tid=1516#XKeZOi_5yDc [22.08.2019].

KITATURNEN. Turnen im Kindergarten, eniky GmbH, Berlin: Achtung, aufgepasst! Reaktionsspiel, abgerufen unter: www.kita-turnen.de/reaktionsspiel-achtung-aufgepasst/ [22.08.2019]. www.noris-spiele.de/data/Storage/Web/Service/Anleitungen/Angelspiel-606049103-INT.pdf. www.superfred.de/murmelmikado.html

Tao Music & Mediaproductions, Achim Oppermann, Hamburg: Kinderlieder von Kindern für Kinder, Hallo, hallo, schön, dass Du da bist, abgerufen unter: www.lichterkinder-musik.de/wp-content/uploads/2015/03/Hallo-hallo-schön-dass-du-da-bist.pdf [22.08.2019].

Textor, Martin, R.: Spiel und Spielförderung, S. 1, in: Das Kita_Handbuch, hrsg. v. Martin R. Textor und Antje Bostelmann, abgerufen unter: www.kindergartenpaedagogik.de/images/PDF/2278.pdf [22.08.21019].

WIKIBOOKS. Die freie Bibliothek: Zwei kleine Wölfe, abgerufen unter: https://de.wikibooks.org/wiki/Gitarre:_Liedbeispiel_5e#Zwei_kleine_W%C3%B6lfe [22.08.2019].

Lamp und Sumfleth Entertainment GmbH, Berlin: Die kleine Hexe, abgerufen unter: https://lampundleute.de

Fabiola Quadflieg, Köln: 1, 9, 10, 18, 19, 34, 135.

Fischer, Andreas, Köln: Titel, Titel, Titel, Titel, Titel, Titel.

fotolia.com, New York: fototheobald 33; Visual Concepts 120.

DTP-Schriftsatz Holtmanns, Krefeld: 28, 29, 30, 31, 32, 33, 39, 39, 42, 48, 49, 50, 51, 52, 54, 55, 56, 57, 58, 60, 61, 63, 65, 66, 72, 73, 95, 96, 96, 97, 100, 100, 100, 100, 100, 100, 100, 100, 100, 100, 103, 104, 105, 106, 107, 109, 111, 112, 113, 114, 115, 116, 117, 118.

iStockphoto.com, Calgary: FatCamera 121; maximkabb 33; Mukherjee, Peter 7.

Kalch, Franziska, Gornau: 114.

Marckwort, Ulf, Kassel: 41, 55.

Shutterstock.com, New York: Photographee.eu 110; santypan 11; sumire8 Titel.

stock.adobe.com, Dublin: anrufbeantworta 10; Dan Race 11; ebednarek 5; Figge, Anne Katrin 117; Kalinovskiy, Evgeniy Titel, 119; Krahl, Hans-Jürgen 47, 70; Kuzmin, Andrey 1, 9, 18, 19, 135; Monkey Business 62; New Africa 126; Nisch, Hans-Jörg 34; Schmitt, Henry 96; yelantsevv 3.

Wetterauer, Oliver, Stuttgart: 2, 4, 4, 4, 6, 12, 13, 14, 14, 14, 14, 14, 15, 16, 16, 16, 16, 16, 16, 16, 17, 17, 17, 17, 17, 17, 17, 17, 17, 17, 17, 17, 17, 17, 17, 18, 19, 24, 26, 27, 28, 32, 43, 52, 54, 69, 77, 88, 91, 122.

Wilmes, Andrea, Hamm (Mark): 3, 5, 6, 6, 7, 19, 20, 20, 21, 21, 23, 25, 79, 81, 84, 84, 92, 92, 93, 93, 94.

Wir arbeiten sehr sorgfältig daran, für alle verwendeten Abbildungen die Rechteinhaberinnen und Rechteinhaber zu ermitteln. Sollte uns dies im Einzelfall nicht vollständig gelungen sein, werden berechtigte Ansprüche selbstverständlich im Rahmen der üblichen Vereinbarungen abgegolten.